교사의 성장을 돕는
수업 코칭

교사의 성장을 돕는
수업 코칭

초판 1쇄 발행 2015년 1월 30일
초판 5쇄 발행 2020년 6월 29일

지은이 신을진

발행인 김병주
출판부문대표 임종훈
편집주간 이하영
편집 신은정, 김준섭
마케팅 박란희
펴낸곳 (주)에듀니티(www.eduniety.net)
도서문의 070-4342-6110
일원화구입처 031-407-6368 (주)태양서적
등록 2009년 1월 6일 제300-2011-51호
주소 서울시 종로구 인사동5길 29 태화빌딩 9층
ISBN 979-11-85992-07-5(13370)
값 15,000원

교사의 성장을 돕는

수업 코칭

신을진 지음

ᐣᐤ에듀니티

EBS 다큐프라임 〈선생님이 달라졌어요〉가 방송으로 나간 이후, 나는 수업과 관련한 강의 요청을 많이 받게 되었다. 그런데 강의를 통해 얻고 싶은 것이 무엇인지를 물어보면 어김없이 다시 돌아오는 질문이 있었다. 그것은 바로 "출연하신 선생님들은 정말 달라지신 건가요?" 혹은 "어떻게 달라지신 건가요?" 하는 거였다. 선생님들의 변화를 믿고 싶으면서도, 그것이 어떻게 가능할 수 있었을까 하는 의구심이 함께 느껴지는 질문이었다. 그만큼 변화의 진정한 동력이 무엇인지 알고 싶어 하는 마음이 크기 때문이었을 것이다.

나는 얼른 이 질문에 대한 답을 하고 싶었다. 수업에 대한 고민 그리고 아이들에 대한 고민을 함께 나누는 동안, 놀랍고 경이로운 통찰과 변화의 순간을 여러 번 목격했기 때문이다. 그러나 내가 경험한 것을 말로 정리해서 풀어내는 일은 생각보다 간단한 작업이 아니었다. 더구나 그 같은 변화가 방송이 아니라 일반적인 우리 학교 현장에도 일어날 수 있는 것인지를 누군가 묻는다면, 여기에 답할 준비가 내게는 아직 되어 있지 않았다. 방송 출연 이후, 나는 학교 현장으로 달려가는 기회를 보다 많이 갖고자 했다. 내가 보았고, 경험했고, 이야기하고 싶었던 변화의 원리를 과연 학교 현장에서도 그대로 적용할 수 있는 것인지 확인하고 싶었고, 또 확인한 것을 이야기하고 싶었기 때문이다.

이 책에는 일곱 분 선생님의 수업에 대한 고민과 해결 과정이 소개되어 있다. 일곱 분 선생님의 고민은 각기 다른 것이었다. 학생들과의 관계를 포함해 수업에서 상호작용 방법이나 수업 방법에 대한 고민 그리고 교사 자신의 완벽주의적 성향에 대한 고민도 있다. 선생님들은 그야말로 민낯의 수업을 공개해주었으며, 포장하지 않은 고민을 나눠주었다. 아마 그랬기에 가능했을 거라고 생각한다. 그동안 생각해왔던 변화의 원리를 학교 현장에서 생기는 고민과 그 고민의 해결 과정에 적용하고, 이렇게 이야기할 수 있게 된 것은.

나의 주된 전공 영역은 학업 상담이다. 그래서 학습이 일어나는 데 필요한 원리가 무엇인지, 이것을 학생들에게 실제 적용할 수 있도록 하는 방법이 무엇인지에 대한 고민이 오랜 시간 가장 큰 관심사였다. 학습의 과정을 선생님의 관점에서 보려는 노력을 했던 것은 아니다. 오히려 학생의 관점에서 학습을 보았고, 연수를 통해 학습에 대해 선생님들께 이야기할 기회가 생길 때마다 학생의 관점에서 선생님이 어떻게 해주는 것이 좋겠다는 이야기를 하는 데 초점을 두었다. 그러나 선생님이 열어주신 수업으로 들어가면 들어갈수록, 나의 관점 혹은 학생의 관점에서 선생님의 수업을 보려고 했던 시도를 내려놓아야 했다. 선생님의 수업을 있는 그대로 함께 보고 나누는 것, 그것이 내가 수업에 대한 나눔을 하면서 갖춰야 할 가장 중요한 마음 자세란 걸 알았기 때문이다.

있는 그대로의 현상을 보면서도 그 안에서 변화의 힘을 찾아내는 것, 그 원리를 나는 게슈탈트 상담 원리를 통해 만날 수 있었다. 그래서 게슈탈트 상담 원리가 수업을 관찰하고, 수업에서의 변화를 도모하는 데 가장 영향력 있는 적용 원리가 될 것이라고 생각했다. 그중에서도 특히 핵심이 되는 개념은 바로 '알아차림'이었다.

알아차림이란 과거에 대한 과중한 반성을 필요로 하는 것도 아니며, 반대로 미래를 향하여 무엇을 어떻게 해야 하는지를 강조하는 것도 아니다. 알아차림은 '지금-여기'서 무엇이 어떻게 일어나고 있는지를 온전히 경험하고 체험하는 것이다. 그리하여 과거도 미래도 아닌 바로 여기 현재에서 일어나고 있는 것과 온전히 마주하는 작업이다. 그리고 역설적으로 변화를 시도하거나 달라져야 한다고 강조하지 않고 오히려 지금-여기에서 충분히 머물게 되었을 때, 변화를 위한 첫걸음이 무엇인지, 변화를 위해 내가 사용할 수 있는 자원은 무엇인지, 어느 방향을 향해 발걸음을 내디뎌야 하는지 알 수 있게 된다.

내가 수업에 대한 나눔과 코칭을 하는 과정에서 가장 중요하게 생각한 것도 바로 이 알아차림이었다. 나는 수업을 공개한 선생님들과 수업을 함께 보며 알아차림에 초점을 두는 대화를 진행하는 것이 바로 수업 코칭이라고 생각한다. 이것은 객관적인 평가가 이루어지는 과정도 아니며, 지식을 전달받거나 조언을 얻는 과정도 아니다. 오직 선생님이 선생님의 수업에서 그동안 간과했던 것, 그러나 이미 존재해서 영향을 미치고 있었던 것이 무엇인지를 보다 분명히 알게 되는 과정이다. 그리고 알아차린 만큼 변화가 시작되는 것을 볼 수 있었다. 나는 이 책에서 수업의 과정에서 그 알아차림과 변화가 어떻게 시작되었는지를 다음과 같은 내용으로 소개하였다.

1장에서는 수업에 대한 통찰과 변화에 활용한 게슈탈트 상담 이론의 주요 개념 그리고 학습 이론에 대한 이해가 수업 코칭에 어떻게 적용될 수 있는지 그 원리를 소개하였다.

2장에서는 보다 구체적으로 수업 코칭의 단계를 4단계로 나누어 선생님의 수업 고민을 순차적으로 해결해가는 과정과 방법을 소개하였다. 4단계는 수업 관찰하고 고민나누기 → 수업 고민의 배경 탐색 및 목표 설정 → 수업 고민의 해결 방법 모색 → 경험 정리와 이후 과제로 이루어진다.

1, 2장에는 3장부터 등장하는 수업 사례에 대한 이해를 위해 필요한 이론적 기초가 제시되어 있다. 이론적 기반을 먼저 이해하고 개별 사례에 대한 이해를 원한다면 순차적으로 읽어나가면 되지만, 만일 구체적인 사례를 먼저 접하고 난 다음 그와 관련한 이론적 기반이 무엇인지를 보완하는 방법을 선호한다면 3장부터 9장의 내용을 먼저 읽고 나서 1, 2장을 읽어도 무방하다.

3장부터는 수업 고민 사례가 등장하며, 실제 수업 코칭을 하면서 각각의 고민을 어떻게 이해하고, 어떤 개입을 했는가를 제시하였다.

3장에서는 수업에서의 경계 세우기에 대한 고민을 이해하고 신체-정서-생각-행동으로 이어지는 내면의 알아차림 과정을 더욱 분명히 함으로써 경계 세우기와 관련하여 무엇을 시도할 수 있는지 찾아가는 과정을 볼 수 있을 것이다.

4장에서는 친밀한 관계를 형성하기 위해 관계를 방해하는 요소를 분명하게 알아차리고, 학생을 있는 그대로 보지 못하게 했던 생각이나 경험에 대한 알아차림을 통해 그 방해 요소를 극복해가는 과정을 볼 수 있다.

5장에서는 수업에서 학생들의 활발한 수업 참여가 이루어지고 있지만, 이것이 수업 목표의 달성과 연결되지 못해 고민하는 과정을 함께 나누었다. 먼저 활발한 수업 참여를 가능하도록 한 선생님의 자원이 무엇인지를 충분히 검토하고, 자칫 간과하기 쉬운 수업의 흐름을 학생들에게 보다 분명하게 이해시키는 것, 또 학생들에게 제시한 수업 목표는 아니지만 교사가 이번 수업을 위해 마음속으로만 갖고 있던 수업 목표의 영향력이 무엇인지와 그것이 부정적인 영향을 미치지 않도록 하기 위해서는 어떻게 할 수 있을지를 살펴보았다.

6장에서는 학생들에게 어려워 보이는 내용을 가르쳐야 할 때, 그 어려움이 어디서 온 것인지를 점검해보고, 가르치고자 하는 내용이 포함하고 있는 지식의 종류와 방법이 일치하도록 하려면 어떻게 하는 것이 좋은지를 함께 살펴보았다. 또한 모둠 학습에서 어려움을 만났을 때, 수업의 전체적인 흐름 속에서 어려움을 가져온 요인이 무엇인지를 발견하고, 이를 어떻게 해결할 수 있는지 다루었다.

7장에서는 설명을 중심으로 수업을 할 것인가, 아니면 활동을 중심으로 수업을 할 것인가에 대한 고민을 함께 해결해가는 과정을 제시하였다. 설명 중심의 수업을 하면 학생들이 지루해할까 봐 활동으로 수업의 형태를 설계했으나, 활동으로 해결하기 힘든 난이도 있는 과제의 경우 어떻게 대처할 것인지, 반드시 활동으로 전환하지 않아도 설명을 하면서 상호작용을 활발하게 하는 방법은 무엇인지를 살펴볼 수 있을 것이다.

8장에서는 완벽주의가 주는 압박감이 구체적으로 무엇이었는지를 충분히 알아차림으로써 완벽주의가 요구하는 지나치게 엄격한 기준에 매이지 않고 이를 조절 가능한 형태로 바꿀 수 있는 방법을 제시하였다.

9장에서는 수업에서 일방적으로 전달하고 외우고 답하는 형태의 상호작용에서, 어떻게 수업의 의미를 나누고 공유하며 함께 상호작용하는 방법으로 전환할 수 있는가에 대한 고민을 다루었다. 새로운 시도를 하면서 전체가 다 성공한 것은 아니지만 전체가 실패한 것도 아니라는 것, 또 새로운 시도를 위해 더 해볼 수 있는 것은 무엇인지에 대한 내용이 담겨 있다.

　나는 이와 같이 알아차림을 목적으로 한 수업 나눔과 코칭의 방법이 수업협의회를 통해, 또 수업 코칭을 중심으로 확산되어 갔으면 한다. 수업을 나누는 과정은 평가를 받는 과정이나 수업에 대한 정보를 획득하는 과정이 아니라 자신을 돌아보고, 이해하고, 성장하는 과정이 되어야 한다고 보기 때문이다. 이와 같은 형태의 수업 나눔을 통해 교사는 자신의 학생에 대한 철학, 학습 및 학습 과정을 구성하는 원리가 무엇인가에 대해 이전보다 분명하게 알아차리고 선택할 수 있게 될 것이다. 또한 학생과의 관계를 방해하는 것은 무엇인지를 알아차릴 수 있으며, 수업 과정에서는 수업 목표가 무엇인지, 이와 관련한 수업 활동은 무엇인지에 대한 교사로서의 안목을 열어가는 과정이 될 것이다.

　이 책이 나올 수 있었던 것은 자신의 속살과도 같은 수업을 공개하고, 진실하게 수업 고민을 함께 나눠주셨던 참여 선생님들 덕분이다. 학문과 상담의 기반을 잡아주신 서울대학교 김동일 교수님, 김계현 교수님, 김창대 교수님께 감사드린다. 게슈탈트 상담의 이론과 실제를 가르쳐주시고 상담에 대한 새로운 안목을 열어주신 게슈탈트 심리

치료의 대가 김정규 교수님께 깊은 감사를 드린다. 또 언제나 이 길의 동반자로 함께 걷고 있는 좋은교사수업코칭연구소의 여러 선생님들이 계셨기에 지금까지 힘을 낼 수 있었다. 출판을 결정하고 지원해주신 에듀니티에도 감사드린다.

끝으로 책 작업을 핑계로 오랫동안 함께 보낼 시간을 유보해왔음에도 묵묵히 견뎌주고 지원해준 가족에게 고마운 마음을 전한다.

2015년 1월
신을진

Chapter 9 수업에서 다양한 상호작용 하기

Chapter 1

수업으로
선생님을
만나다

1.
수업,
만남의 시작

선생님에게 수업은 무엇인가

　수업을 주제로 선생님들과 본격적으로 대화를 나누기 시작한 것은 2011년도와 2012년도에 연이어 EBS 〈선생님이 달라졌어요〉에 참여하면서부터다. 애초에 이 프로그램에 참여하게 된 계기는 선생님들의 심리적 고민을 함께 나누기 위해서기도 했지만, 내 전공 분야가 '학업 상담'이었기에 수업에서 학생들의 학습을 촉진하기 위한 원리를 잘 구현할 수 있도록 선생님들을 지원한다는 목적이 상당히 컸다.

　그런데 선생님들의 수업을 보고 　함께 이야기를 나누면서 수업에서 선생님들이 갖는 고민이 생각보다 훨씬 크다는 것을 알았고, 그것이 내 마음에 와닿기 시작했다. 단적인 예로 수업 밖에서 만나는 선생님들의 모습과 수업 안에서 만나는 모습이 너무 달랐다. 수업 밖에서 만난 대부분의 선생님은 유머가 넘쳤고 다정다감했는데, 교실에서 수업할 때 선생님들의 모습은 그렇지 못했다. 때로는 화가 나 있었으며, 때로는 한없이 외로운 모습을 보이기도 했다. 학생들과 함께하는 수업에서 선생님들은 행복해 보이지 않았다.

수업에 대한 강의나 나눔을 시작할 때 늘 하는 질문이 있다. "선생님에게 수업은 무엇입니까?" 이 질문으로 시작하는 이유는 수업이 선생님들에게 너무 낯익은 것, 너무 가까이 있는 것, 그래서 새삼 이야기한다는 것이 쑥스럽기까지 한 주제가 아닐까 하는 염려 때문이다. 그러니까 이 질문에 깔린 숨은 의도는 이렇다. "선생님, 새삼스럽게 수업이 무엇인지를 이야기하기가 참 어색하죠? 하지만 제가 알고 싶은 것은 일반적인 의미에서 수업이 아니라, 선생님에게 진정으로 수업이 무엇인가 하는 것입니다. 저는 이 점이 궁금하고, 여기에 대해 이야기를 나누고 싶어요."

물론 대부분의 경우, 선생님들은 이렇게 길게 질문의 취지를 설명하지 않아도 기꺼이 대답을 해준다. 다섯 글자로 제한했는데도 용케 그 범위 안에서 말이다. '끝없는 도전', '해도 어려워', '배움과 열정', '수준 차 극복'. 저마다 다른 의미, 다른 색깔, 다른 소리가 담긴 대답을 듣고 나서 나는 다시 한 번 그 이유를 묻는다. 그러면 이런 대답이 돌아온다. "아이들을 알아가는 일은 끝이 없다는 생각이 들어서요", "가르친다는 것은 늘 배워야 하는 일이기도 하니까요", "서로 다른 수준의 아이들을 그래도 어느 선까지 끌어올려야 하니까요." 설명을 들으면 아까보다 더 선생님들이 생각하는 수업이 과연 무엇인지 납득할 만하다. 그리고 이렇게 주거니 받거니 이야기를 나누는 사이 선생님들이 경험하는 수업의 세계 속으로 나 역시 한 발 한 발 다가가는 느낌이 든다. 선생님들과 함께하는 이 느낌이 좋아서 나에게 수업은 곧 '선생님들과의 만남'이다.

수업 코칭, 알아차림 그리고 성장

"왜 아이들은 집중하지 않을까?"

"왜 아이들은 수업에 활발하게 참여하지 않을까?"

"왜 아이들은 여러 번 설명을 하는데도 알아듣지 못할까?"

"지식 획득이 아니라 생각할 수 있는 힘을 기르는 수업은 어떻게 해야 할까?"

수업과 관련한 고민은 참으로 다양하다. 그러나 수업 코칭은 해답을 주는 과정이 아니라 잠시 머물러 서서 '이것이 정말 고민이 될 수 있는가?', '이것이 정말 고민이 되어야 하는가?'를 생각해보는 과정이다. 이런 점에서 내가 생각하는 수업 코칭은 앞으로 나아가도록 밀어붙이는 화살표가 아니라 잠시 그 자리에 서도록 하는 쉼표와 같다. 어떻게 달라져야 할 것인가를 모색하기 이전에 '지금 여기에서 나는 어떠한가?'를 충분히 돌아보고 알아차리는 작업이 선행되어야 하는 작업이라고 생각하기 때문이다.

알아차림awareness이란 중요한 현상들을 방어하거나 피하지 않고 있는 그대로 지각할 수 있도록 하는 것이다(김정규, 1995). 이를 수업 코칭에 적용한다면, 수업 교사에게 지금까지와 다른 교수법이나 특정 가치를 선택하도록 하거나 지금보다 더 유능해질 수 있도록 관련 지식과 정보를 습득하는 데 목표를 두는 것이 아니다. 오히려 수업에서의 알아차림, 즉 수업 교사에게 지금까지 자신의 수업이 무엇이었는지를 충분히 알아차리도록 하는 데 목표를 두겠다는 의미다.

이는 수업에서 뭔가 고민되는 지점이 있다고 해서 금방 지금까지와는 다른 방식으로 수업에 대한 접근을 시도하는 것이 아니라, 지금까지 해왔던 수업 방법은 무엇이었으며, 왜 그것이 필요하다고 생각했고, 실제로 그것을 위해 노력을 기울였던 부분은 무엇이었는지를 충분히 살펴보는 작업이다. 또 의미 있다고 여기는 부분에 대해서는 충분히 인정하고 지지해주는 것이 중요하고, 선행해야 하는 일로 보겠다는 뜻이기도 하다. 이렇게 함으로써 필요한 변화가 무엇인지 더 분명해지고, 이렇게 할 때 실천 가능성이 있는 변화를 시도해볼 수 있기 때문이다.

예를 들어 새로운 수업 방법을 시도해보았지만 별 효과가 없었다는 생각에 좌절감을 느끼는 수업 교사가 있다면, 수업 코칭에서는 이 수업 교사를 성급하게 위로하거나 격려하려 하지 않고, 그렇다고 새로운 수업 방법을 가르치려 하지도 않는다. 그보다 새로운 수업 방법의 시도가 선생님에게 어떤 의미가 있었는지 물으면서 그 의미에 충분히 공감하고, 시도 과정에서 어떤 기쁨이나 좌절이 있었는지 이해하려고 노력할 것이다. 이 과정에서 수업 교사가 새로운 수업 방법을 시도한 것이 무의미한 것만은 아니었다는 사실을 발견하거나 이전에 했던 시도 중 의미 있는 지점이 무엇이었는지를 보다 분명하게 알게 되었다면, 또는 다시 그와 같은 수업을 한다면 어떻게 다르게 할 수 있을지 구체적으로 알 수 있을 것 같다고 한다면, 그것이 변화를 위해 더 충실한 준비가 된 것이라고 생각할 것이다.

다른 사람의 조언이나 충고에 의해 바람직하다고 생각하는 것을 시도하는 것이 아니라 지금-여기에서 자신의 수업이 어떻게 진행되고 있었는지를 더욱 분명하게 알아차리는 것 그리고 다른 수업을 할 때 이전과 달라진 선택이 무엇인지 구체적으로 그 의미를 알게 되는 것, 이것이 바로 수업 코칭에서 알아차림이라고 볼 수 있다.

게슈탈트 상담 이론에서는 바로 여기에 '변화의 역설'이 있다고 보았다. 이처럼 지금-여기에 충분히 머물 수 있을 때 변화와 성장이 가능해진다는 것이다(Yontef, 2008). 그리고 이 변화의 역설은 수업 코칭 장면에서도 똑같이 일어날 수 있다고 보고 있다. 즉, 지금-여기의 수업과 그 수업 안에서 무엇이 어떻게 일어났으며, 교사에게 영향을 주었던 것이 무엇이었는지를 보다 분명하게 이해한다면, 현재 겪고 있는 어려움을 그대로 반복하는 것을 선택하지 않을 것이기 때문이다. 충분히 현재를 알게 되었을 때, 현재를 벗어나 또 다른 성장의 길로 나아갈 수 있을 것이다.

2.
교사를 성장시키는 수업 코칭의
이론적 배경

수업 코칭의 개념

수업 코칭이 무엇인지 알기 위해서는 먼저 코칭이 무엇인가 하는 것부터 살펴볼 필요가 있다. 웹스터 사전에 따르면 코칭은 '여러 다양한 상황에서 다른 사람에게 개인적인 지도를 해주거나 다른 사람을 도와주는 것'이라고 한다. 또 '현재 있는 지점에서 출발해 원하는 목적지까지 데려다주는 개별 서비스(이희경, 2005)'라 말하기도 한다. 이런 정의들을 보면 코칭은 어떤 영역에서든 목적하는 수준에 도달할 수 있도록 그 출발선이 각기 다른 개인을 지도하거나 도와주는 과정이라는 의미를 포함하고 있다고 볼 수 있다.

코칭은 선수들에 대한 개별 지도가 필요한 스포츠 분야에서 가장 먼저 도입했고, 이어서 조직 구성원의 역량 강화에 관심이 많은 경영

학 분야에서도 관심을 기울여왔다. 최근 들어 수업 코칭에 대한 요구가 많아진 이유는 지식 변화의 속도가 갈수록 빨라짐에 따라, 교사의 역량 강화에 대한 요구가 어느 때보다 높기 때문일 것이다.

분야별로 코칭의 구체적인 의미는 다 다르지만 가장 공통적인 특성을 꼽으라고 한다면 다음 세 가지를 들 수 있을 것이다(박윤희, 2009 / 홍의숙, 2009 / Stowell, Chieyoung & Stacevich, 2002). 첫째, 코칭은 목표 그 자체보다 목표를 향해 함께 가는 '과정'을 강조하는 개념이다. 둘째, 코치와 코치이의 관계는 수직적이거나 일방적인 관계가 아니라 수평적인 상호작용이 가능한 관계다. 셋째, 유사 개념인 컨설팅과 달리 전문가의 역할보다 스스로 문제를 발견하고 해결할 수 있는 역량을 키워야 하는 코지이의 역할이 더 큰 접근 방식이다.

이런 특성들을 수업 영역에 적용해서 '수업 코칭은 수평적 상호작용 방법을 사용해서, 수업과 관련한 교사의 능력이, 현재 수준에서 시작해 잠재적 능력과 가능성이 완전히 발휘되는 수준에 이르도록 함께하는 과정'이라고 정리할 수 있을 것이다.

수업 코칭과 게슈탈트 상담 이론

교사라면 누구나 수업을 하면서 자신과 학생들의 다양한 상호작용이 한데 모아지며 큰 흐름을 만드는 과정을 보면서 경이로움을 느껴본 적이 있을 것이다. 같은 교과 내용이라도 교사가 누구인가, 또 학생이 누구인가에 따라서 달라지기도 한다. 나도 그 모습을 보고 있노라면 수업 과정이 마치 그 자체로 독특한 생명력과 존재의 의미를 가지고 있는 것처럼 보이기도 한다. 그래서 수업 코칭이 수업마다 살아 있는 독특성과 생명력을 제한된 틀 속에 가두는 과정이 되어서는 안 되겠다는 생각을 하곤 한다.

이런 측면에서도 게슈탈트 상담 이론에 근거해 수업이라는 현상을 관찰하고, 또 이에 대한 이야기를 함께 나누는 것은 매우 유용한 접근 방법이 될 수 있을 것이다. 게슈탈트 상담 이론은 있는 그대로 현상을 관찰하는 방법, 수업 코치와 수업 교사가 자신의 존재를 인정하면서 인격적인 대화를 나누는 방법, 역동적인 수업 현상을 관찰하는 방법 등에 많은 시사점을 주는 접근 방법이 될 수 있다고 보기 때문이다. 게슈탈트 상담 이론을 수업 코칭 영역에 구체적으로 적용한다는 것은 그 이론적 근거가 되는 현상학적 방법론, 장 이론, 대화적 실존주의의 주요 원리들을 충실히 이해하고, 여기에 입각해서 수업 현상을 보고 코칭한다는 의미가 될 것이다. 여기서는 게슈탈트 상담 이론의 주요 근거가 되는 현상학적 방법론, 장 이론, 대화적 실존주의의 가장 핵심적인 개념과 원리를 소개하고, 이를 수업 코칭 장면에서 어떻게 활용할 수 있는지 개괄적으로 소개하고자 한다.(여기서 소개하는 게슈탈트 상담 이론의 주요 내용은 게슈탈트 심리 치료자인 욘테프 박사의 〈알아차림, 대화 그리고 과정〉(Yontef, 2008)과 김정규 교수의 〈게슈탈트 심리치료〉(김정규, 1995)라는 책에서 많이 참조했다.

따라서 게슈탈트 상담 이론을 적용한 수업 코칭에 대한 궁금증 이전에 게슈탈트 상담 이론을 더 깊이 공부하기를 원하는 분이라면 이 두 책을 참고하기 바란다.]

■ 현상학적 태도와 알아차림

게슈탈트 상담 이론은 상담 장면에서 상담자가 내담자를 이해하기 위해 가장 먼저 갖춰야 할 것으로 '현상학적 태도'를 든다. 여기서 말하는 '현상학적 태도'란 현상을 있는 그대로 보기 위해 자신의 선입견이나 가치 판단을 괄호 안에 넣고, 현재 상황에서 지각한 것, 느낀 것, 실제로 한 것을 중심으로 보는 태도를 말한다(Idhe, 1977 / Yontef, 2008 재인용). 이와 같은 태도를 통해 상담자는 내담자가 경험하는, 혹은 호소하는 문제를 자신의 관점이 아니라 내담자의 관점에서 바라볼 수 있게 된다.

현상학적 태도를 가진 상담자는 자신의 선입관을 배제하면서 가급적 관찰한 것을 중시하고, 이에 대한 자신의 추론이나 해석을 앞세우려 하지 않는다. 상담자가 이렇게 하는 것은 내담자가 '지금-여기'를 더욱 생생하게 경험하도록 하기 위한 것이기도 하다. 다시 말해 상담자가 내담자의 세계를 있는 그대로 존중하며 추론이나 해석보다 지금 지각하는 것, 느끼는 것, 경험하는 것을 중심으로 다가가 관심을 표현하면, 내담자 역시 자신의 신념과 역할에 대한 강박으로 잘 보지 못했던 있는 그대로의 자신을 보게 되며, 보다 분명한 알아차림이 가능해진다고 보는 것이다.

물론 인간은 부분적이고 불분명한 알아차림을 가지고도 살아갈 수는 있다. 하지만 자신이 어떤 존재인지를 충분히 알아차리면 삶의 에너지를 경험할 수 있으며, 스스로에 대한 책임도 질 수 있게 될 것이라고 본다. 게슈탈트 상담 이론에서 알아차림을 강조하는 이유도 지금-여기에서 무엇이 일어나고 있는지를 충분히 알아차리고 나면 또 다른 선택도, 그에 대한 책임을 지는 일도 가능해진다고 보기 때문이다(Yontef, 2008).

나는 변화를 목적으로 한 수업의 코칭 장면에서도 이런 현상학적 태도가 선생님이 경험하는 수업을 있는 그대로 알아차릴 수 있도록 하는 데 도움이 된다고 생각한다. 그리고 실제로 지금-여기서 일어나는 일을 충분히 마주할 용기가 생겼을 때 변화를 위한 힘이 생기는 것을 많이 보아왔다. EBS 〈선생님이 달라졌어요〉에서 만난 선생님 중 한 분은 수업이 시작되었는데도 산만하게 왔다 갔다 하거나 수업 중에도 엎드려 있는 학생들을 수업 시간마다 마주해야 했다. 그런 모습은 옆에서 보기에도 매우 민망한 것이었다. 그런데 정작 선생님은 이 상황에 이미 익숙해져서인지 학생들에게 화를 내거나 기분 나빠하는 내색을 하지 않았다.

이럴 때 나는 학생들을 통제하는 방법이나 집중시킬 수 있는 교수 방법에 대한 이야기는 잠시 뒤로 미뤄놓는다. 학생들을 마주하고 싶지 않은 화나는 마음, 학생들에 대한 실망감, 교직에 대한 회의 등으로 선생님이 많은 것을 보려 하지 않는 상태에 있다고 보기 때문이다. 그 대신 선생님과 대화를 시작하면서 이렇게 묻는다. "선생님에게 수업은 무엇입니까?", "그런 학생들을 보면서 어떤 생각이 들었습니까?", "아무 제재도 못하고 물러날 때 선생님은 무엇을 보았습니까?"

수업에 대한 이야기를 하기 위해서는 어떤 평가를 내리기 전에 내 생각을 괄호 안에 넣고, 선생님이 생각하고 경험하는 수업의 세계를 있는 그대로 공유하는 것이 먼저이기 때문이다.

■ 장 이론과 상호작용적 관점 : 전경과 배경, 지금-여기, 과정

게슈탈트 상담 이론은 하나의 사건에 대해 그 의미를 명확히 알기 위해서는 그것이 속한 전체, 즉 장field의 맥락에서 보는 것이 필요하다는 장 이론field theory의 관점을 기반으로 한다. 장 이론에서는 장을 구성하는 부분들이 분리되어 있는 것이 아니라, 지금-여기에서 서로 영향을 주고받는 관계에 있다고 본다. 장 이론은 개인의 내면을 이해하는 데 적용할 수 있을 뿐 아니라 가족, 수업, 직장 등 사회적 관계가 얽혀 있는 집단의 역동을 이해하는 데에도 적용이 가능하다. 한 개인에게 지배적인 욕구가 생기면 전체로부터 떠올라 전경前景이 되고, 나머지 부분들은 배경背景으로 남는다. 이렇게 전경이 뚜렷하게 떠오르면 이를 해결하기 위해 전체를 조직화하고, 이를 해결하고자 하는 동기(김정규, 1995), 곧 게슈탈트Gestalt가 생긴다. 즉, 하나의 욕구는 그 사람의 내면 세계의 다른 욕구와 상호작용을 하며 내면 전체에

영향을 끼치는 것이다.

건강한 개인은 전경과 배경의 관계에서 자신의 게슈탈트가 무엇인지 선명하게 알아차리고, 이를 해결하기 위해 자신이 가진 것을 체계적으로 조직할 수 있다. 장 이론은 이와 같이 개인의 내면 역동뿐 아니라 가족이나 집단 역동을 이해하는 데에도 도움이 된다. 각 개인을 전체 맥락에서 본다는 것은 개인들의 상호작용적 측면을 중요하게 본다는 것이고, 나아가 각 개인이 만들어내는 집단 역동이 미치는 영향력을 고려할 수 있다는 것을 의미하기 때문이다.

이를 수업에 적용해보면, 첫째는 교사 개인의 내적 갈등과 어려움을 이해하는 데, 둘째는 수업의 다양한 부분적 요소라 할 수 있는 교사와 학생 그리고 사회적, 물리적 환경 등이 어떻게 상호작용하는가를 이해하는 데 사용할 수 있다. 따라서 장 이론에 근거해서 수업 코칭을 적용할 수 있는 영역은 단지 교사의 내면만이 아니라, 수업에서 다양한 요소들 간의 상호작용적 측면에도 초점을 맞출 수 있는 것이다.

한 개인이 장에 속한다는 것은 그것이 내면이든 환경적인 것이든 간에 장에 속한 다른 부분들과 지속적인 상호작용을 하면서 자신을 재구성해가는 과정에 있다는 것을 의미한다. 예를 들어 자신을 '학생들과 관계가 좋은 교사'라고 생각하는 교사가 있다면, 이와 같은 지각이 영구적으로 지속되는 것이 아니라 학생들과의 관계가 달라지면, 즉 학생들과의 갈등을 경험하면 할수록 그 과정에서 자신을 이전과 달리 생각하게 될 것이다. 따라서 개인의 특정한 경험도 장을 구성하는 다른 부분들과의 상호작용이라는 맥락 안에서 보아야 그 의미가 더 명확해질 수 있다. 또한 과거가 아니라 지금-여기here-now에서 상호작용의 과정을 경험하면서 얼마든지 재구성할 수 있을 것이다. 장 안에서 각 부분들은 장의 영향을 받음과 아울러 장을 다시 구성하는 데 영향력을 끼치는 존재이기도 하다.

이렇게 보면 장의 가장 큰 특징은 고정되어 있는 것이 아니라 상호작용을 통해 끊임없이 움직이고, 뭔가가 되어가는 과정process에 있는 것이다. 그래서 게슈탈트 상담 이론에서는 한 가지 사건이나 현상을 설명할 때 이를 '고정적인 실체'로 표현하지 않고 '과정 언어'로 표현하는 것을 선호한다. 가령 '내 안에 두려움이 있어요'라는 표현은 두려움이라는 고정된 실체에 의해 더 이상 변화가 일어날 수 없는 상황처럼 들릴 수 있는데, 이를 과정 언어로 바꾸면 '나는 학생들에게 내 감정을 표현했을 때 그것이 잘 받아들여지지 않을지도 모른다는 생각을 하면 두려워서 상황을 피하고 싶어요'라고 할 수 있다. 과정 언어로 표현하고 나면 두려움은 굳어 있는 딱딱한 실체가 아니라 수업이라는 장 안에서 내면의 감정에 의해, 또 학생과의 상호작용에 의해 만들어진 것이라서 변화할 수 있는 가능성을 내포하고 있는 것으로 다가온다. 장 이론의 관점이 수업 코칭에 미치는 시사점을 정리해보면 다음과 같다.

첫째, 수업 코칭 장면에서 다루고자 하는 교사의 수업 고민은 반드시 배경에 대한 탐색을 통해 그 맥락에 비추어 이해되어야 한다는 것이다. 예를 들어 수업 교사가 "저는 수업 시간을 자꾸 늦게 끝내서 다른 선생님들에게 피해를 주는 것이 걱정이에요. 그래도 제가 하려는 수업의 방향이 있으니까…"라고 이야기했다면, 이 고민이 무엇을 의미하는지 단정적으로 생각하기보다 배경과의 관련성 속에서 파악할 필요가 있다. "수업이 자꾸 늦게 끝나는 것의 어떤 점이 선생님을 힘들게 하나요?" 또는 "수업이 늦게 끝나는 것이 선생님이 생각한 수업 방향과 관련이 있는 것 같은데, 어떻게 관련이 되는지 구체적으로 듣고 싶어요"라는 질문을 해볼 수 있을 것이다. 늦게 끝나는 것과 수업의 방향에 대한 고민이 어떤 관련이 있는지 파악하게 되면 고민의 의미는 보다 분명해질 것이다. 물론 이런 모든 요소들 간의 관련성을 탐색한다는 것은 사실상 불가능하므로 이 중에서 현재 수업 고민에 가장 직접적으로 큰 영향을 주는 배경 탐색에 초점을 맞출 필요가 있다.

둘째, 수업 코칭 장면에서는 수업을 하나의 장으로 보고 전체와 관련한 부분 요소들이 서로 긴밀하게 연결되어 상호작용하고 있다는 점을 염두에 두어야 한다. 이는 수업과 관련한 요소들을 이해할 때 그 한 가지 요소의 특성에 주목하기보다 다른 요소들과의 관련성을 아는 것이 도움이 된다는 뜻이다. 예를 들어 교사가 수업을 하고 있을 때, 교사는 다음 그림과 같이 다양한 요소들의 상호작용이 일어나는 맥락 속에 존재하고 있다고 할 수 있다.

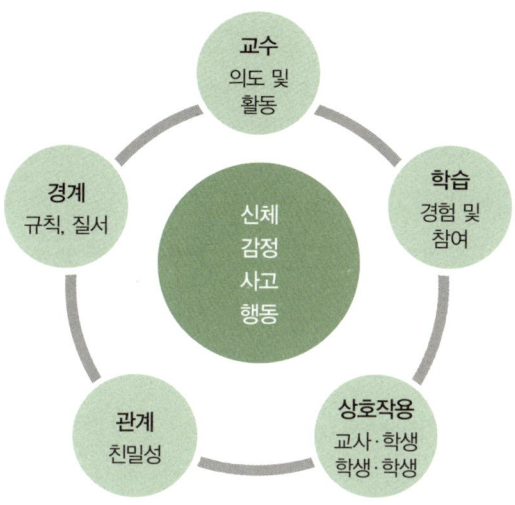

이처럼 상호작용의 맥락에서 보면 같은 사건이라도 어떤 관점에서 보는가에 따라 의미가 달라진다는 것을 알 수 있다. 가령 선생님이 수업 시간에 관련 동영상이나 PPT를 많이 사용하는 것은 다양한 수업 자료의 활용이라는 측면에서만 보면 바람직한 것으로 볼 수 있지만, 만일 PPT 사용을 이유로 학생들과 실제로 눈을 맞추고, 동기를 부여하고, 자료를 통해 무엇을 배워야 할지 적극적으로 안내하는 활동을 하지 않았다면, PPT 자료는 학생과의 관계 형성을 회피하는 도구로 사용되었다고 볼 수 있을 것이다. 따라서 수업에서 여러 현상을 이해하고자 할 때는 교사만, 혹은 학생만 따로 주목하기보다 교사와 학생이 서로 주고받는 영향 관계가 어떻게 연결되는지에 주목하는 것

이 도움이 된다.

셋째, 수업 코칭 장면에서 등장하는 수업 고민이나 수업 안에서 특정한 사건을 이해할 때에는 그것이 수업이라는 장의 영향을 받아서 형성된 것이기는 해도, 동시에 수업이라는 장에 영향을 줄 수도 있다는 점을 기억해야 한다. 이렇게 보아야 수업 코칭 장면에서 다루어지는 고민을 고정불변의 특성으로 다루기보다 구성 과정에 영향을 준 많은 요소들과의 상호작용을 통해 형성된, 또 앞으로 형성될 내용으로 다룰 수 있게 된다. 과정의 맥락에서 고민을 다루게 되면, 고민과 관련한 요소들을 다양하게 고려할 수 있어서 변화에 영향을 줄 요인들을 알아차리는 데에도 도움이 된다.

■ 대화적 실존주의

마지막으로 게슈탈트 상담 이론은 대화적 실존주의를 기반으로 한다. 게슈탈트 상담 이론에서 상담자는 내담자 대신 문제를 해결해 주는 존재가 아니다. 내담자로 하여금 자신의 노력을 통해 스스로 목표를 발견하고, 실현할 수 있도록 실험하고, 관찰하는 것을 배우는 능동적이며 책임감 있는 참여자(Yontef, 2008)로 살아갈 수 있도록 지지하는 존재다. 이 관계에서 내담자는 통제의 대상이 아니라 자신의 목적을 이루기 위해 존재한다. 부버의 표현을 빌리면 다른 뭔가를 위해 존재하는 '나-그것'의 관계가 아니라, 각 존재 자체가 목적이 되는 '나-너'의 관계를 이룬다.

진정한 만남이 이루어지는 관계는 통제하거나 의도적으로 또 다른 목표에 도달하도록 하는 것이 아니라 '나'도 충분히 '나'로 존재하고, '너'도 충분히 '너'로 존재하도록 한다. 게슈탈트 상담 이론에서도 만남이란 곧 자신과 타인의 온전한 교감을 통해 알아차림을 증진시키는 과정이다.

이런 관계적 특성은 수업 코치와 수업 교사의 관계에도 충분한 시사점을 줄 것이다. 수업 코치는 수업 교사에게 일방적으로 가르치거나 훈련하는 입장에 있는 것이 아니라 수업 교사의 잠재 능력을 믿고, 최대한 발휘할 수 있도록 도우며, 알아차림의 과정을 통해 자신의 현재를 충분히 이해하고 다음 단계로 나아갈 수 있도록 하는 관계에 있기 때문이다.

다음 장에서는 이런 원리들이 수업 코칭 과정에서 어떻게 반영되어야 알아차림을 증진시키고 수업에서 변화와 성장을 만들 수 있는지, 그 과정을 보다 구체적으로 살펴볼 것이다.

수업과 학습

수업에 대한 고민으로 변화를 시도한다고 했을 때, 그 최종 도착지점은 어디라고 보아야 할까. 나는 '학습'이라고 생각한다. 물론 이것이 전혀 새로운 관점은 아니다. 이미 많은 학자들이 수업에 대한 정의를 내릴 때 '학습'을 그 핵심 개념으로 꼽고 있기 때문이다. 객관적으로 아무리 논리적이고 재미있는 수업으로 보였다 하더라도 정작 그 수업을 받은 학생들에게 학습이 이루어지지 않았다면 과연 훌륭한 수업이라고 말할 수 있을까? 그러나 수업에서 모든 학생들이 늘 학습을 경험하는 것은 아니다. 이에 대해 변영계(1998)는 수업과 학습의 관계를 다음과 같이 세 가지 형태로 제시한 바 있다.

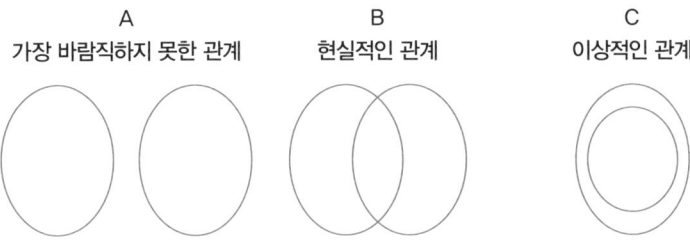

이 중 B를 현실적인 수업과 학습의 관계라고 보고 있다. 그리고 교사는 기껏 B의 공통 영역이 넓어지는 정도를 기대할 수 있을 뿐이지, 언젠가 C와 같이 모든 학생이 매시간 수업을 통해 학습을 경험하도록 할 수 있으리란 생각은 그야말로 이상에 불과할지 모른다. 학생들은 이미 개인의 성장 과정에서, 가정이나 중요한 사회적 환경을 통해 적극적인 지원과 지지를 받지 못한 상태로 수업에 들어오는 경우가 많으며, 이런 상황들 하나하나를 고려하기에는 수업에서 해야 할 일이 너무 많다. 그러니 공통 영역이 조금씩 확대되기를 기대하는 것 자체가 무리일 수도 있다. 이미 많은 선생님들이 해마다 학생들을 집

중시키고 수업하는 것이 더 어려워지고 있다고 한다.

그러나 학교 현장에서 내가 만난 많은 선생님들은 수업에 소외되어 있는 학생들을 조금이라도 더 참여시킬 수 있으리란 기대를 결코 포기하지 않고 있다는 것을 보여주었다. 가르치는 내용이나 자료에 전혀 부족함을 발견할 수 없었던 과학 수업을 한 선생님이, 수업 촬영 영상을 다시 보면서 상당수 학생들이 수업을 어려워하고 있다는 것을 발견하고는 수업의 설계부터 학습지 구성에 이르기까지 전면적인 수정을 단행하는 모습을 보았으며, 지역적으로 열악한 환경에서도 배우려는 마음이 학생들에게 있다는 것을 학생 인터뷰를 통해 발견하고는 그토록 많은 실패를 맛보았던 수업 방법에 또 다른 변화를 시도하는 선생님도 보았다.

애초에 수업에서 변화란 그 목표가 분명치 않다. 수업에 대한 평가 기준이 없는 것은 아니지만 저마다 달라서 정확히 우열을 가려내기도 힘들고, 더군다나 공개되지 않는 수없이 많은 수업에서는 이런 평가 기회조차 주어지지 않는다. 그런데도 나는 많은 선생님들이 스스로 좋은 수업이 무엇인가에 대한 평가 기준을 가지려고 애쓰는 모습을 보았다. 정작 학생들은 그렇게 애타지 않는 듯한데, 한 명의 학생이라도 더 많이 그리고 일분일초라도 더 오래 학습하는 수업을 기대하고 꿈꾸는 선생님들을 보면서 그 사랑이 무엇인지 새삼스레 생각해보곤 했다.

누가 알아주는 것도 아니고, 그렇다고 뚜렷한 기준이 있어 어디서부터 어떻게 하면 되는 것이라는 과제가 있는 것도 아닌데, 수업과 학습을 일치시키려는 선생님들의 끝없는 노력을 만날 때마다 늘 마음이 뭉클해진다. 수업 시간에 엎드려 자고 있어서 속상한 것이 아니라, 그 아이가 '수업 시간 아니면 어디 다른 곳에서 배울 데도 없는데' 엎드려 있다며 안타까워하는 선생님들을 볼 때마다 나는 우리 교육에서 희망을 본다.

어떤 수업이 좋은 수업인가? 그 기준을 다른 선생님에게 두는 것도 아니고, 교육과정에 두는 것도 아니고, 오로지 수업을 통해 만나는 학생에게 두는 선생님들을 만날 때 나는 행복하다. 평균 정도의 학생이 수업을 들었으니 되었다고 만족하지 않고, 수업에서 소외된 학생의 얼굴을 떠올리며 그 아이까지 수업에 들어오게 하려면 어떻게 해야 할지를 고민하는 선생님을 만날 때, 결과에 상관없이 노력하는 과정을 함께하는 시간이 참으로 의미 있게 느껴진다. 선생님이 고민하는 만큼 수업에서 조금씩 학습으로 다가오는 학생들의 수가 늘어날 것이라고 믿기 때문이다.

그렇다면 이제 수업과 학습의 공통 영역을 확대하는 데 반드시 고려해야 하는 것은 무엇인지 살펴보도록 하겠다.

■ 교사의 학습에 대한 관점 알아차림

수업 설계와 수업 방법의 결정에 영향을 미치는 중요한 요소 중 한 가지는 바로 교사가 생각하는 학습에 대한 관점이다. 예를 들어 어느 선생님이 방학 동안 실시하는 연수에 참석하고 나서 학생들이 정답만을 이야기하도록 해서는 안 되고, 그 답을 얻을 때까지 어떤 과정을 거쳤는지, 어떤 사고의 오류가 가능한지 등 인지적 과정에 대한 관심이 증가했다고 치자. 선생님은 기존에는 행동주의적 관점을 갖고 있었다. 그래서 학생의 학습과 관련해서 객관적, 외적 행동의 습득이 주된 관심사였다. 그러다 연수를 통해 인지주의적 관점에 입각해서 학습을 정의한 관점의 영향을 받은 것이다. 선생님의 학습에 대한 관점이 바뀌면서 선생님은 분명 기존 교수 방법의 한계를 경험했을 것이다.

학습 이론 중에 가장 대표적인 것으로 행동주의와 인지주의를 들수 있다. 행동주의가 객관적이고 외적으로 표현할 수 있는 행동을 학습 내용으로 규정하고 있다면, 인지주의는 인지 내적 과정을 학습에서 익혀야 할 내용으로 보고 있다. 따라서 행동주의에서는 학습을 위한 중요한 방법으로 시행착오 학습, 반복 학습, 구체적인 목표 설정과 강화 등을 꼽는다. 인지주의에서는 학생이 새로운 정보와 이미 가지고 있던 지식의 관련성을 교사가 연결해주는 것을 중시하며, 개념 및 지식의 형성 과정과 일관성이 있는 논리적 순서의 학습을 중시한다. 최근 들어서 두 가지 학습 이론적 관점 외에도 학생의 정서나 동기, 관계 등을 중시하는 관점이 등장하고는 있지만, 여전히 가장 보편적인 학습 이론은 이 두 가지 관점이라고 할 수 있다.

만일 교사의 학습 관점에 변화가 생겼다면, 그것은 그렇게 단순한 문제가 아닐 수 있다. 기존에 자신의 수업에서 이루어져야 한다고 생각했던 것과 구체적인 방법에 모두 변화를 필요로 할 수 있기 때문이다. 어떤 수업을 좋은 수업이라고 생각하는가에 따라 선생님의 수업에 대한 고민이나 변화 노력에도 분명 차이가 생길 것이다.

따라서 수업의 방향과 방법에 대한 심도 깊은 고민과 나눔이 이루어지도록 하기 위해서는 교사가 가장 주된 기반으로 가지고 있는 학습 이론에 대한 관점이 무엇인지, 수업 방법과 학습에 대한 관점이 얼마나 일관성 있는지, 그 차이로 인한 갈등은 없는지 등에 대한 정확한 알아차림이 반드시 필요하다.

■ 수업 과정의 핵심 요소에 대한 알아차림

이제 수업 과정에 보다 주목해보기로 하자. 수업 설계를 하거나 계획안을 작성할 때 가장 많이 참조하는 모델이 있다면 바로 다음 그림과 설명에서 제시한 글레이저(Glaser, 1962)의 교수-학습 과정 모델일 것이다(변영계, 1998). 그리고 각 단계별 시행 과제는 다음과 같다.

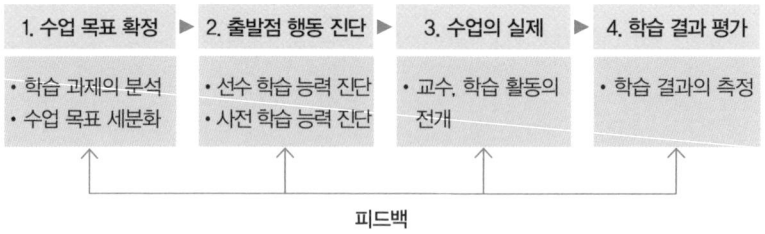

- **수업 목표 확정** : 학생이 이번 수업 시간을 통해 달성해야 할 목표를 세분화해야 하고, 평가의 준거가 될 수 있어야 한다.
- **출발점 행동 진단** : 학습에 임하는 학생의 현재 상태를 말하며, 이에 해당하는 것으로 학습자의 지능, 적성, 흥미, 이전 학습에서의 성취도, 지금 배울 내용에 대해 알고 있는 정도 등이 포함된다.
- **수업의 실제** : 수업 목표를 학생에게 어떤 순서에 따라 어떤 방법으로 가르칠 것인가, 하는 문제를 다룬다. 보통 도입-전개-정리 단계로 구성한다. 도입 단계는 5~10분 정도 학습자의 동기 유발, 학습 목표 제시, 선수 학습과 관련짓기를 한다. 전개 단계에서는 본격적으로 학습 내용과 자료를 제시하고, 이 과정에서 학습자의 참여를 유도하고, 학습자의 상태에 따라 다양한 수업 방법을 사용한다. 정리 단계에서는 학습 내용의 요약, 연습, 보충 자료 제시와 다음 차시 예고를 한다.
- **학습 결과 평가** : 학습이 제대로 이루어졌는지 확인하는 과정으로, 보통 형성 평가와 총괄 평가가 있다. 형성 평가는 현재 배우고 있는 내용을 얼마나 잘 이해하고 있는지 중간 점검하는 것이고, 총괄 평가는 학기 말에 최종적으로 성적으로 평가해서 학습 목표에 도달한 정도를 측정하는 것이다.

이 중에서 특히 수업의 실제 과정을 보면 바람직한 수업의 흐름이나 진행 순서를 무엇으로 보았는지 알 수 있다. 실제로 수업 코칭을 하는 과정에서 살펴보면 대부분의 선생님들은 이와 같은 흐름을 수업 시간에 반영하려고 애쓰고 있었다.

그러나 한편으로 이와 같은 제한된 틀로는 다 담을 수 없는 선생님만의 독특한 교육철학이나 방법을 담고 있는 수업도 엄연히 존재한다. 그동안 지켜본 수업 중에는 '가을'이라는 주제를 놓고 국어, 음악, 미술을 통합해서 수업을 한 경우도 있었고, 몇 주에 걸쳐 인상파 화가들의 삶과 그림을 연구해서 연극 형식으로 준비한 다음 발표하도록 한 수업도 있었다.

그렇다면 교사가 정말 가르치고 싶은 것을 가르치기 위해 창의적인 수업 방법을 고안해서 실천하는 것과, 수업의 논리적 흐름을 위해 흔히 활용하는 틀을 고수하는 것 사이에서 생기는 갈등을 해결하려면 어떻게 하는 것이 좋을까? 나는 이 두 가지 흐름의 균형을 잡을 수 있는 하나의 방법으로 수업의 흐름에 있어 반드시 고려해야 할 것을 '틀이나 단계'가 아닌 다음과 같은 요소로 둘 것을 제안하고 싶다.

- 교사 자신이 중요하게 생각하는 수업 목표에 대한 알아차림(이것은 교육과정에서 정한 수업 목표와 일치하는가? 혹은 일치하지는 않지만 교사가 자신의 수업 목표를 분명히 알고 있는가?)
- 수업 목표와 수업 방법의 일관성에 대한 알아차림(현재의 수업 방법이 수업 목표를 이루는 데 얼마나 적절한 방법인가? 일관성이 있는가?)

- 수업 목표와 상호작용에 대한 알아차림(수업 목표와 교사-학생 상호작용 양상에는 일관성이 있는가?)
- 수업 목표 ─ 수업 내용 ─ 평가의 일관성 알아차림(수업 목표와 수업 시간에 다루어진 내용이 평가를 통해 확인되었는가?)

Chapter **2**

수업 코칭은
어떻게
이루어지나

1.
수업 코칭
준비하기

지금부터는 1장에서 제시한 수업 코칭의 이론을 기반으로 수업 코칭 과정이 실제적으로 어떻게 진행되는지 살펴보고자 한다. 그러나 본격적인 수업 코칭에 들어가기 전에 먼저 다음과 같은 질문으로 선생님의 수업 고민을 구체화할 수 있다면 더욱 도움이 될 것이다.

- 오늘 수업에서 어떤 내용을 어떻게 가르치고자 합니까?
- 평상시 수업과 관련한 고민은 무엇입니까?
- 오늘 수업과 관련해서 어떤 부분에 특히 더 초점을 두었습니까?
- 이번 수업 코칭을 통해 꼭 해결되었으면 하는 문제는 무엇입니까?

이 질문에 대한 구체적인 대답을 얻을 수 있다면 좋겠지만 어떤 형태로든 선생님에게서 수업에 대한 이야기를 꺼내는 데 도움이 된다면 우선 막연한 형태의 대답이어도 괜찮다. 특히 자발적인 수업 공개가 아닌 경우에는 더욱 막연한 형태로 수업 고민이 등장할 가능성이 있다. 이럴 경우 수업 교사가 해결하고 싶은 주제를 미리 생각하고 또 선택하도록 하면, 자발성을 향상시키는 데 도움이 된다.

2.
수업 코칭의
4단계

이제 교사로서 성장을 목표로 하는 수업 코칭의 각 단계가 어떻게 진행되어야 하는지, 먼저 개괄적인 내용을 살펴보도록 하겠다. 수업 코칭 과정의 단계 구분과 각 단계별 주요 과제는 게슈탈트 상담 이론의 기본 개념과 원리를 근간으로 하였고, 이를 수업 코칭 과정에 어떻게 적용할 수 있을지에 보다 초점을 두었다. 하지만 앞에서와 조금 달리 현장 적용 가능성에 더 초점을 두고 기술했다는 점을 밝혀둔다. 이 과정에서 사용한 사례들은 2011년과 2012년 EBS 〈선생님이 달라졌어요〉를 비롯해서 학교 현장과 개인 상담 장면 그리고 다양한 교사 연수 장면에서 경험한 내용들을 토대로 했다.

1단계 : 수업 관찰하고 고민 나누기

수업을 관찰하고 수업에 대한 고민을 나누는 1단계에서 가장 중요한 것은 먼저 수업 코치가 현상학적 태도를 가지고 수업 교사의 수업을 관찰하고 나누는 것이다. 이를 통해 수업 교사에게 자신의 수업 경험에 대한 알아차림의 중요성을 깨닫게 하고, 그 수준을 증가시키기 위한 준비를 갖추도록 할 수 있다.

2단계 : 수업 고민의 배경 탐색 및 목표 설정

1단계에서 나오는 수업 고민은 대부분 일반적이거나 추상적인 형태인 경우가 많다. 2단계에서는 이런 수업 고민이 현실적으로 선생님의 삶과 수업에서 어떤 의미를 갖는지 구체화하는 작업을 해야 한다. 그래야 '선생님만의 고민'이 무엇인지 알 수 있을 것이기 때문이다. 또한 수업 교사의 알아차림 영역과 수준을 증가시켜가는 것도 이 단계에서 할 일이다. 1단계에서 다소 막연하게 제시했던 수업 고민의 구체적인 의미가 보다 분명해지면, 이후 수업 코칭에서 다룰 주제 혹은 목표에 대한 합의도 가능해진다.

3단계 : 수업 고민에 대한 해결 방법 모색

3단계에서는 2단계까지 진행한 알아차림 작업에 대해 보다 초점을 분명히 하고, 알아차림의 여러 방해 요소를 극복할 수 있도록 다양한 실험을 적극적으로 시도한다. 이 과정을 통해 자신에 대한 깊은 이해,

문제 상황에 대한 통합적 이해 그리고 다양한 대안의 모색과 결정이
이루어지도록 할 수 있다.

4단계 : 경험 정리와 이후 과제

4단계에서는 지금까지 대화를 통해 새롭게 발견한 부분, 통찰을 얻
은 부분이 어떤 것인지 정리함으로써 이후 수업 상황에 대한 적용
가능성을 높인다. 그리고 아직 해결하지 못하고 남은 과제가 무엇인
지 확인한다. 수업 코칭에서 나눴던 고민들은 이후 코칭 장면 밖에서
도 그 해결 방안을 꾸준히 모색해가야 할 것이다.

3.
수업 코칭의
단계별 특징과 과제

1단계 : 수업 관찰하고 고민 나누기

- 이 수업에 대해 어떤 생각을 했고, 어떤 감정을 느꼈으며, 어떤 판단을 하는가?
- 수업 교사의 입장에서 수업을 보기 위해 필요한 질문은 무엇인가?
- 수업 코치가 이해한 수업 교사의 고민은 무엇인가?

■ 수업을 보는 관점

수업을 관찰하고 나눌 때 가장 중요한 것은 선생님의 수업 경험을 있는 그대로 보려는 '현상학적 태도'라 할 수 있다. 1장에서 이미 언급한 것처럼 현상학적 태도란 현상을 있는 그대로 보기 위해서 자신의 선입견이나 가치 판단을 괄호 안에 넣어두고bracketing 현재 상황에서 실제로 지각한 것, 느낀 것, 행한 것을 중시하는 자세다(Idhe, 1977 / Yontef, 2008 재인용). 그리고 이 같은 태도로 수업을 관찰한다는 것은 수업의 옳고 그름이나 잘하고 못함을 가르는 평가적 관점에서 수업을 보는 것이 아니라 수업에서 일어난 일을 있는 그대로 보려는 태도를 갖는다는 것이다.

예를 들어 수업을 보고 난 다음 "선생님은 학생들의 반응을 제대로 보지도 않고 일방적인 형태로 수업을 끌어갔습니다"라고 말한다면 여기에는 평가적 관점이 담겨 있다고 할 수 있다. 같은 상황에 대해 "선생님은 설명을 하고 난 다음에 학생들에게 이해했는지 확인하는 질문을 하지 않고 바로 다른 개념에 대한 설명으로 넘어갔습니다"라고 말한다면 수업에서 실제로 일어났던 일이 무엇인지 정확히 보고 기술하면서도 이를 평가하는 관점은 포함되어 있지 않다고 할 수 있을 것이다.

수업을 보고 나서 수업에 대한 평가나 판단이 따라오는 것은 자연스러운 현상일 텐데, 어떻게 하면 좋을까? 억지로 누르거나 생각하지 말아야겠다고 결심한다고 해서 그렇게 되는 일도 아니거니와 수업을 있는 그대로 본다는 것은 수업에 대한 관찰자의 판단을 아예 없애버리자는 의미라기보다 그것이 절대적인 것이 아니라 자신의 주관적인 것임을 인정하자는 이야기다. 자신의 생각이나 느낌을 부정하지 않되 이를 상대화시키는 노력, 즉 괄호 안에 넣어두는 노력을 하자는 것이다. 이런 관점으로 수업에 대해 관찰한 것을 정리해보면 다음과 같이 될 것이다.

'수업을 할 때 선생님은 설명을 하고 난 다음 학생들에게 이해했는지 확인하는 질문을 하지 않았다. 그리고 바로 다른 개념에 대한 설명으로 넘어갔다.(나는 이 장면에서 선생님의 설명을 학생들이 제대로 이해했는지 궁금했고, 선생님이 이렇게 긴 설명을 하고도 확인하지 않은 이유가 무엇인지도 알고 싶었다. 학생들이 계속 듣기만 하는 상황이 이어지면 집중력이 떨어질 수 있는데, 실제로 그런지 한번 살펴봐야겠다. 이 상황이 선생님 눈에는 어떻게 보였는지도 물어봐야겠다.)'

여기서 한 가지 덧붙일 것은 괄호 안에 넣어야 할 것에는 부정적인 생각과 느낌만이 아니라 긍정적인 내용도 포함해야 한다는 사실이다. 칭찬이나 긍정적인 평가일지라도 '평가는 평가'다. 긍정적인 것이라 하더라도 평가적인 관점은 수업을 있는 그대로 보지 못하게 만들 수 있으므로 이것도 상대화시켜서 생각의 괄호 속에 넣어야 한다. 그러면 다음과 같이 될 것이다.

'수업을 할 때 선생님은 설명을 하고 난 다음에 학생들에게 이해했는지 확인하는 질문을 하지 않았다. 그리고 바로 다른 개념에 대한 설명으로 넘어갔다.(나는 선생님이 쉬지 않고 설명을 계속하는 것을 보면

서 이 내용만은 꼭 가르쳐야겠는 강한 열정을 느꼈는데, 실제로도 그런 마음이었는지 알아봐야겠다.)'

■ 수업 고민 떠올리기
수업을 공개한 교사에게 오늘 수업에서 고민이 무엇이었는지를 물으면 대답이 참으로 다양하다.

"학생들이 적극적으로 참여하게 하고 싶었는데, 잘 안 되네요."
"학생들이 자유롭게 글쓰기를 할 수 있도록 지도하고 싶었는데, 쉽지 않네요."
"학생들이 재미있어 하는 수업을 하는 것은 정말 어려운 일 같아요."
"학생들이 집중하는 수업이 되었으면 했는데, 산만해서 정신이 하나도 없네요."
"과목이 어려워서 학생들에게 동기부여를 시키기가 어려워요."
"학생들은 활동만 좋아하고 이론적인 것을 이야기하면 어려워해요"

게슈탈트 상담 이론에서는 이렇게 어느 한 순간 관심의 초점이 되는 부분을 전경, 그 관심 밖에 놓여 있는 부분을 배경이라고 하며(김정규, 1995), 일단 전경으로 뚜렷하게 떠올라서 해결하고자 하는 욕구가 형성되면 이를 게슈탈트라고 한다. 그리고 게슈탈트로 형성된 자신의 욕구나 고민에 대해서는 해결하고자 하는 의지가 생겨서 구체적인 방법을 찾아보게 된다고 보고 있다.

하지만 학교에서 바쁜 일상에 쫓기다 보면 수업과 관련한 고민과 관심을 전경에 떠올리는 일이 그리 쉽지만은 않다. 수업을 하고 난 직후에는 뭔가 '이건 아니다' 싶은 생각을 하기도 하지만, 몰려드는 다른 일들을 처리하다 보면 이내 잊어버리게 된다. 한때 전경으로 떠올랐던 고민들은 이렇게 해결하고 싶은 행동 동기, 즉 게슈탈트로 형성되지 못하고 슬며시 배경 속으로 사라진다. 그러나 수업을 공개하고 나누는 자리에서는 평상시보다 수업과 관련한 고민에 집중할 수 있는 기회가 주어진다. 이것을 더욱 구체화하고, 순간의 관심이 아닌 자신의 게슈탈트로 연결할 수 있다면 그야말로 수업 공개와 수업 코칭의 가장 큰 의미가 될 수 있을 것이다.

2단계 : 수업 고민의 배경 탐색 및 목표 설정

- 수업 교사가 호소한 수업 고민의 의미는 무엇인가? 왜 고민이 되는가?
- 수업 교사의 고민은 수업 과정에서 구체적으로 어떻게 나타나는가?
- 수업에서 수업 교사에게 알아차림이 일어나는 부분은 무엇이고, 일어나지 않는 부분은 무엇인가?
- 수업 교사의 고민은 해결 가능한 형태로 재구성되었는가?

■ 수업 고민의 의미 이해하기

모처럼 진지하게 떠올린 '수업 고민'이라 하더라도 대개는 너무 일반적이거나 추상적인 경우가 많아서, 이런 고민들이 선생님의 수업과 삶에 어떤 의미가 있는지 구체적으로 파악하지 못하면 해결하기가 어렵다. 예를 들어 선생님이 '학생들이 산만해서 수업하기 너무 힘들다'는 것을 수업 고민으로 들었다면, 어떤 상황을 산만한 것이라고 보는지, 그 상황이 선생님이 학생들을 통제하는 방법을 몰라서 일어났는지, 아니면 방법은 아는데 선생님의 교육철학과 배치돼서 갈등한다는 뜻인지, 의미를 분명하게 다시 파악해야 한다. 선생님이 고민하는 내용의 의미를 보다 분명하게 알기 위해 탐색해볼 수 있는 요소에는 다음과 같은 것이 있다.

- 대인 관계와 관련한 어린 시절의 경험
- 수업 이전에 학생들과 이미 형성된 관계
- 학급의 역사와 그동안 일어났던 여러 가지 사건
- 교사의 교육철학과 수업 의도
- 학생들의 학습 및 인지 수준
- 수업 계획 등

물론 이런 광범위한 배경을 모두 탐색해볼 수는 없다. 그러므로 배경 탐색은 가급적 현재의 고민과 가장 직접적으로 연결된 영역을 중심으로 하되, 그 과정에서 현재의 고민을 이해하기 위해 반드시 필요하다고 판단되는 영역에 초점을 맞추어야 한다.

■ 수업에서의 알아차림 영역

구체적인 배경에 비추어 수업 고민의 의미가 비교적 분명해졌다면, 이제 그와 관련한 깊은 이해와 해결을 위해 본격적인 알아차림 작업을 해야 한다. 이때 가장 많이 하는 질문이 "그때 어떤 경험을 했나요?"와 "이야기를 하는 지금은 어떤 상태인가요?"이다. 알아차림은 해석이나 추론과 같은 생각 속에서 일어나는 것이 아니라 실제 경험에 근거한 것이기 때문이다.

알아차림은 크게 현상 알아차림과 행위 알아차림으로 구분할 수 있는데(Yontef, 1993 / 김정규, 1995 재인용), 현상 알아차림은 개체가 만들어내는 것이라기보다 환경과의 상호작용 결과 발생하는 현상으로 신체 감각, 감정, 생각이 여기에 해당한다. 행위 알아차림은 자신의 행위 방식을 알아차리는 것이다.

수업 코칭 장면에서 다양한 알아차림이 어떻게 나타날 수 있는지 살펴보기로 하자.

① 현상 알아차림

– 신체 감각 알아차림

신체 감각은 사람의 감정이나 생각보다 더 직접적인 알아차림의 영역이라고 할 수 있다. 감정이나 생각은 간혹 왜곡하거나 억압할 수 있을지 몰라도 신체 감각은 그렇게 하기가 어렵기 때문이다. 예를 들어 특정한 학급이나 과목을 수업하려고 할 때 이유는 잘 모르지만 머리가 아프거나 뒷목이 자꾸 뻣뻣해진다면, 명확하게 알아차리지는 못했더라도 뭔가 스트레스 요인이 있는 것만은 분명하다. 이럴 때에는 "뻣뻣해진 뒷목이 어떤 이야기를 하고 있는 것 같으세요?"와 같이 신체 감각에 대한 알아차림을 증가시켜서 관련한 감정이나 생각이 무엇인지 알아보는 작업을 할 수 있다.

– 감정 알아차림

최근까지 수업 장면에서는 교사가 감정을 표현하지 않는 것을 미덕으로 여겨왔다. 분노, 화, 짜증 같은 부정적인 감정인 경우는 더 그랬다. 그러나 억눌려진 감정은 없어지는 것이 아니라 어떤 형태로든 잠복해 있다가 어느 순간 갑작스럽게 표출되는 경우가 많다. 이렇게 조절되지 않는 감정의 표출은 학생과의 관계에 부정적인 영향을 미칠 수 있으며, 교사로 하여금 감정 조절에 실패했다는 자괴감에 시달리게 만들 수도 있다. 감정은 억누르거나 폭발시키는 것이 아니라 조절할 수 있는 것이어야 한다.

그럼 어떻게 해야 그것이 가능할까? 먼저 분노, 화, 짜증 같은 감정들은 단순히 어떤 사건이나 상황에 대한 반응인 1차적 감정이라기보다 다른 감정에 대한 결과로 생겨난 2차적 감정이라는 점을 이해해야 한다. 예를 들어 화의 경우, 기대한 것이 있었는데 이루어지지 않거나 받아들여지지 않아서 실망하거나 좌절했을 때, 이를 충분히 표현할 수 없었다거나 표현해도 수용받지 못해서 그 결과로써 경험하는 감정이다.

2차적 감정은 그 자체를 표현하기보다 감정의 직접적 원인인 1차적 감정을 표현하는 것이 훨씬 효과적이다. 즉, 기대한 것이 있었는데 실망한 마음, 뭔가 할 수 있는 것이 없는 것 같아서 좌절한 마음을 표현하는 것이다. 1차적 감정을 표현했을 때 상대방으로부터 수용과 지지도 훨씬 많이 받을 수 있다. 언뜻 보기엔 1차적 감정을 표현하는 것이 약한 모습인 것처럼 여길 수 있지만, 실제로는 아이든 어른이든 2차적 감정보다 1차적 감정을 훨씬 잘 수용하고 이해할 수 있다. 결과적으로 자신의 감정도 표현하고 학생과의 관계나 교사로서 권위도 지킬 수 있는, 오히려 많은 것을 얻는 방법이다.

‒ 생각 알아차림

간혹 특정한 상황에 대한 특정한 감정은 아무리 노력해도 좀처럼 벗어나기 힘든 경우가 있다. 이럴 때에는 감정과 관련한 '생각'에 대한 알아차림이 필요하다. 화가 나는 감정이 너무 강해서 조절하기 어렵다면 여기에는 이를 지지하는 그럴 만한 생각이 존재하기 때문이다. 대부분 '반드시 ~해야 한다'라는 강한 당위should와 관련한 생각이다.

학생이 지각을 했을 때 지각했다는 사실 자체보다 변명하는 것을 듣고 있자니 도저히 참을 수 없어서 강한 분노가 끓어올랐다면, 이 분노에는 틀림없이 이를 지지하는 생각이나 강한 당위가 연결되었을 가능성이 높다. 아마 '어른이 이야기할 때 변명하는 것은 옳지 못하다'는 당위가 있었을 것이고, 이런 당위를 이해하기 위해서는 그것이 그 사람의 경험과 연결된 것인지 살펴보는 것이 도움이 된다.

예를 들어 맏이로 성장하면서 동생들과 장난을 쳐도 자신만 혼나는 경우가 많았는데, 상황에 대해 설명하려고 할 때마다 부모님이 잘못을 인정하지 않고 변명하려는 태도가 나쁘다며 혼낸 경험이 있다고 하자. 이런 과정에서 '변명하는 것은 옳지 않다'는 강한 당위를 갖게 되었다면 교사가 된 이후에도 학생이 지각하는 것보다 변명하는 모습에 분노가 치밀어 오를 수 있다. 자신이 생각하던 당위가 건드려졌기 때문이다.

당위는 그것을 지지하고 있던 자신의 경험을 알아차리는 순간, 절대적이고 객관적인 것에서 주관적이고 경험적인 것으로 그 속성이 바뀐다. 이전의 딱딱하고 뒤돌아볼 여지도 없는 것에서 말랑말랑한 상태로 변하는 것이다. 위 예시의 경우 당위와 관련한 어릴 적 경험을 회상하면서 '뭐 아이가 변명할 수도 있는 거지, 우리 부모님은 참 엄격하셨네'라며 자신을 지지해줄 수 있다면, 도저히 참지 못해 화가 치밀어 오르는 상태가 되지 않을 수 있는 것이다. 당위는 자신의 경험 안에서 해결하고 나면 더는 위협적인 것이 아니게 된다.

신체 감각·감정·생각·행동은 서로 연결되어 있어서 어느 한 영역을 단편적으로 파악할 때보다 연결된 구조의 전체 의미를 파악할 때 수업에서 교사가 무엇을 어떻게 느끼고 있는지 이해하기가 훨씬 수월해진다.

② 행위 알아차림

행위 알아차림은 수업에서 일어나는 여러 현상에 자신의 행동이 어떤 영향을 미치고 있는지에 대해 아는 것이다. 예를 들어 학생들이 수업 초반에는 집중을 잘하다가 후반으로 갈수록 점차 집중력이 떨어지는 모습을 보면서 선생님은 막연히 활동을 초반에, 설명을 후반에 했기 때문이라고 생각할 수 있다. 그런데 수업 영상을 다시 꼼꼼히 살펴보니 선생님의 수업 안내가 후반으로 갈수록 불확실했기 때문이라는 사실을 알 수 있었다. 이처럼 결과적으로 교사의 행동이 학생들의 행동과 연결되어 있는 지점을 분명히 알아차리면 또 다른 선택이 가능해진다.

■ 알아차림에서 문제 해결까지의 과정을 방해하는 단계별 요소

게슈탈트 상담 이론에서는 알아차림이 분명해지면 이를 해결하려는 의지가 자연스럽게 생긴다고 보았다. 징커(Zinker, 1977)는 알아차림-접촉 주기의 개념으로, 알아차림이 일어나기까지의 과정과 알아차림이 일어난 이후에 환경과의 상호작용을 통해 이를 해결하는 과정

까지를 여섯 단계(주기)로 나누어 다음 그림과 같이 제시했다(김정규, 1995).

징커의 알아차림-접촉 주기(출처 : 김정규, 1995, p23에서 재인용)

그런데 이때 각 단계별로 차단이 발생하면 그다음 과정으로 진행되지 않는다고 보았다. 그렇다면 수업 고민에 대한 알아차림과 그 해결 과정에 이와 같은 차단을 가져올 수 있는 요인이 무엇인지 살펴보도록 하자.

① 배경에서 감각이 나타나는 과정의 차단

수업을 관찰하는 제3자에게는 그 필요성이 보이는 상황인데도 정작 수업을 하고 있는 교사는 별다른 문제의식을 느끼지 못하는 상태를 말한다. 수업 상황이라는 배경으로부터 해결이 필요하다고 생각되는 부분이 무엇인지 아예 잘 느끼지 못하는 것이다. 이 단계의 차단을 가져오는 요인으로 다음과 같은 것들을 꼽을 수 있다.

– 수업 요소 중 어느 한 가지에만 초점을 두는 것

수업의 가장 기본 요소는 교사의 가르치는 활동, 학생의 학습 그리고 교사와 학생, 학생과 학생의 상호작용이다(Gagne', 1977). 이 가운데서 어느 한 가지 요소에만 초점을 둘 경우, 다른 요소에 대한 고려가 충분하지 않을 수 있다. 가장 대표적인 예가, 오늘 가르칠 내용과 진도만 생각하고 수업을 하느라 학생들이 제대로 이해했는지 충분히 신경을 쓰지 못하는 것이다. 이런 경우, 심지어 수업을 촬영한 영상을 다시 볼 때조차 학생의 반응이 어떤지 깨닫지 못하고 있다가 "지금 학생들은 어떤 것 같으세요?" 하는 질문을 받고서야 비로소 학생들의 상당수가 집중하지 않거나 딴짓을 하고 있다는 것을 깨닫기도 한다.

– 과도한 낙관주의

수업 상황 중에 문제가 되는 장면이 있다는 것을 알면서도 교사가 굳이 개입하지 않아도 괜찮을 것이라거나, 그러다 말 것이라며 과도하게 낙관적으로 생각하는 경우다. 예를 들어 수업 시간에 특정한 학생이 발표할 때, 다른 학생들이 야유를 보내는 행동을 지속적으로 보인다면 따돌림을 의심해볼 수 있다. 그런데 별도의 확인 없이 별 문제 없을 것이란 생각으로 그냥 넘겨버린다면 문제는 더 심각한 상황으로 발전될 수 있다.

– 수업 외적 요인의 영향이 절대적이라고 보는 것

수업과 관련한 문제 상황을 알면서도 그것을 어쩔 수 없는 외적 요인들(교과 자체의 특성, 가정환경의 특성. 지역적 특성, 입시제도 등) 때문이라고 생각하는 경우다. 문제라는 것은 알지만 교사로서도 어떻게 할 수 없는 영역이라 치부하고 관심을 기울이지 않는 것이다. 예를 들어 학생들이 수업 시간에 별로 집중하지 않는 것이 문제이기는 하지만, 학교가 상대적으로 낙후한 지역에 위치해서 그렇다며 어쩔 수 없는 현상으로 간주한다면 수업과 관련한 고민을 본격적으로 하기는 어려울 것이다.

② 감각과 알아차림 사이의 차단

알아차림-주기의 두 번째 단계에서 차단이 있을 때에는 수업 상황의 어려움을 신체 감각으로는 느끼지만, 감정을 억압 또는 왜곡함으로써 선생님의 힘든 마음을 정확히 인식하지 못하고 결과적으로 해결책을 찾기도 어려워진다.

– 감정의 억압

수업에서 어려운 상황이 생겼을 때 힘든 감정을 재빨리 억압해버리면 단기적으로는 힘든 마음이 다소 줄어든 것처럼 느낄 수 있지만, 결국 자신의 감정을 분명히 알 수 없으므로 결과적으로는 어떤 방향으로 문제를 풀어가야 할지 갈피를 못 잡게 된다. 선생님들이 가장 힘들다고 느끼는 감정은 학생들에게 '무시당한 느낌', 혹은 '권위를 손상당한 느낌' 등인 경우가 많다.

보통 사람들은 심리적 상처에 두 가지 방향으로 반응한다. 하나는 상처를 입힌 상대에게 분노를 표현하며 적극적으로 자신을 방어하는 것이고, 다른 하나는 더 이상 상처받지 않기 위해 상황 자체를 피하는 것이다. 그러나 교사라는 위치는 이 중 어느 것도 선택하기가 쉽지 않다. 분노를 표현해서 학생들과 관계가 멀어질 것을 각오하는 일도, 수업을 아예 하지 않음으로써 더 이상 상처받을 일을 피하는 것도 허용되지 않기 때문이다.

이럴 때 그 어느 쪽도 선택하지 않을 수 있는 방법이 바로 감정의 억압, 즉 현재 상황에서 마음의 상처를 받았다는 것, 그래서 아프고 힘들다는 것 자체를 인정하지 않는 것이다. 힘들고 아프다는 것을 인정하지 않으면, 즉 감정을 억압해버리면 어느 것도 선택하지 않아도 된다. 학생에게 화를 내서 관계가 나빠질 위험을 감수하지 않아도 되고, 교사로서 권위에 도전을 받고도 자신을 지키지 못했다는 자괴감에 시달리지 않아도 된다.

문제는 그다음이다. 마음에 상처받은 것을 인정하지 않았으니 치료 방법을 찾을 수 없고, 자신의 어느 부분이 상처가 되었는지 구체적으로 알지 못하니 상처가 안으로 더 곪아들 수 있다. 또 어느 순간 도저히 더 어쩌지 못하면 감정 폭발로 이어질 수도 있다.

– 감정의 왜곡

감정을 억압하는 것이 아니라 아예 다른 이름을 붙여버리는 경우도 있다. 학생들로 인해 상처를 받았으면서도 이를 인정하고 싶지 않은 교사가 처음에 상처받은 마음을 숨기고 아이들과 거리를 두면서 '난 아이들에게 관심 없어(무관심)', '난 아이들이 싫어(미움)' 하는 식으로 자신의 마음에 다른 이름을 붙이는 것이다. 이렇게 하면 일시적으로는 자신을 상처받은 사람이라고 생각하지 않음으로써 자존심은 지킬 수 있을지 몰라도, 결과적으로는 학생과의 관계에 선을 긋고 영영 멀어지도록 만들 수 있다. '이제 학생들에게 기대도 하지 않을뿐더러 화낼 일도 없다'는 것은 아직 아물지 않은 상처의 다른 모습일 뿐일 테니까 말이다.

③ 알아차림과 에너지 동원 사이의 차단

수업 상황에서 선생님이 힘들어하고 있는 것이 무엇인지에 대한 알아차림이 이루어졌는데도 이를 해결하는 데 필요한 에너지 동원이 되지 않고 차단되는 경우다.

수업 고민을 함께 나눴던 한 선생님의 경우, 처음 만남에서 자신의 수업 방법 가운데 학생들에게 간략하게 방향만 제시하고 구체적인 설명이 생략된 부분이 많다는 것을 발견하고 이를 바꾸고 싶어 했다. 그런데 실천해보고 다시 만나기로 한 다음 주에 전혀 과제를 하지 않은 상태였다. 나는 지난주와 너무 달라진 선생님의 모습이 의아해서

이 부분에 대해 집중적으로 이야기를 나눠보았고, 그 과정에서 선생님이 어릴 때부터 어머니에게서 '최고가 아니면 내 자식이 아니다'라는 이야기를 많이 들었다는 것을 알게 되었다. 그래서인지 선생님은 시행착오 겪는 과정을 잘 견디지 못하는 편이었고, 성과가 바로 보이지 않으면 자신감을 잃어버렸다. 한 주 동안 과제를 시도해보았지만 성과가 보이지 않자 이내 포기해버린 것이었다.

해야 하는 일은 많은데 노력하는 과정에서 자신이 가진 에너지를 잘 발휘하지 못하는 경우, 신체 활동이나 감정 표현 등을 통해서 에너지를 충분히 경험해보는 것이 도움이 된다(Zinker, 1977). 또한 뭔가 하지 않으면, 그리고 성과를 내지 않으면 수용될 수 없다는 당위적인 생각이 어디에서 비롯한 것인지 살펴보면서 있는 그대로의 자기 모습을 수용하는 경험을 하는 것도 도움이 된다. 우리 삶의 에너지는 지금 있는 그대로의 모습을 인정할 때 더 잘 발휘할 수 있기 때문이다.

④ 에너지 동원과 행동 사이의 차단

에너지를 동원하는 데에는 성공했지만 이것을 필요한 고민을 해결하는 방향으로 사용하지 못하는 경우다. 노력은 하지만 해결할 수 있는 수준까지 실천하지 못하고 자신을 자책하거나 비난하는 수준에서 멈추어버리는 것이다.

한 선생님은 수업 시간에 학생들에 대한 통제 행동이 필요하다는 것을 알았지만, 실제 수업 상황에서 이를 실천에 옮기지 못했다. 자신이 더 재미있게 수업을 한다면 학생들은 통제할 필요도 없이 집중할 텐데, 그렇게 하지 못한 것이니 학생들이 산만한 것은 모두 자신의 책임이라는 자책감이 컸다. 그리고 막상 통제 행동을 하려니 과연 잘할 수 있을까 어색하기도 하고, 그 결과가 잘못될까 봐 두려워하기도 했다.

변화가 필요하다는 것을 알면서도 실제로 행동했을 때 나쁜 평가를 받을까 봐 불안해하면 결국 뭔가를 시도해보지도 못하고 자책감이나 긴장감만 잔뜩 안은 채 끝나버릴 수 있다. 이런 경우에는 강제로 행동으로 옮기도록 압력을 가하는 것보다 쉬운 단계에서 성공을 경험하도록 하고, 여기에 근거해서 그다음 단계에 도전하도록 하는 것이 도움이 된다. 즉, 수업과 관련한 통제 행동을 처음부터 강도 높게 시도하는 것보다 가장 쉽고 편안하게 할 수 있는 것부터 시작해서 조금씩 강도를 높이는 연습을 해야 한다. 실제 수업 상황에 바로 적용하는 것이 어렵다면 그보다 편안한 일대일 수업 나눔 상황에서 연습해보고, 익숙해진 다음에 실제 수업 상황에 적용하면 된다.

⑤ 행동과 접촉 사이의 차단

에너지를 동원해서 행동으로 옮기지만 접촉, 즉 환경과의 상호작용을 통한 문제 해결에는 이르지 못하는 경우가 있다. 행동은 하지만 목표에 초점을 잘 맞추어 효과적으로 에너지를 사용하지 못하는 것이다(김정규, 1995). 예를 들어 한 수학 선생님은 학생들이 수업 시간에 개념을 충분히 이해하지 못했더라도 필기라도 잘 해놓으면 집에 가서 공부할 수 있을 것이라는 생각에 수업 시간에 수시로 필기의 중요성을 강조했다. 그리고 수행평가에도 이를 반영했다. 그런데 선생님의 처음 의도와는 달리 수업 시간에 학생들은 선생님의 설명을 듣고 이해하는 데 소홀해지고 무작정 필기에만 집중하는 모습을 보였다.

수업 시간에 반복적으로 강조하거나 실행하는 수업 방법이나 개입 전략들 중에는 시행하려던 본래의 의미를 잃고, 마치 그 행동 자체가 중요한 것처럼 강조되는 일들이 종종 생긴다. 심지어 본래의 의미가 구현되는 것을 방해하는 결과를 가져오는 일들도 있다. 행동을 자주 반복적으로 시행하면서도 그 의미를 충분히 고려하지 않아서 결과적으로 긍정적인 결과를 가져오지 못하는 것이다. 어떤 행동을 할 때에는 어떤 교육적 의도로 시작한 것인지, 현재 어떻게 나타나고 있는지 지속적으로 살펴보아야 한다.

⑥ 접촉과 물러남 사이의 차단

수업에 대한 변화를 시도하고 또 노력했다면 그 결과가 완벽하게 성공적이지 않더라도 이를 받아들이고 잠시 휴식을 취하는 것도 중요한 과정이다. 즉, 환경과 충분한 접촉을 통해 문제 해결을 시도하고 난 뒤에는 뒤로 한 발 물러나 쉬어야 한다. 그러나 접촉과 물러남 사이에 차단이 있을 경우에는 그러기가 쉽지 않고, 특히 늘 노력하고 긴장을 늦추려 하지 않으려는 완벽주의 태도를 가진 사람일수록 더 그렇다. 완벽주의는 변화를 위한 지속적인 도전을 가능하게 한다는 점에서는 긍정적이지만, 자신이 한 노력의 결과가 무엇인지 충분히 음미하고 스스로를 격려하는 시간을 갖지 못하도록 만드는 맹점이 있다.

3단계 : 수업 고민의 해결 방법 모색

- 수업 교사의 알아차림 중 더 명료해져야 하는 부분은 무엇인가?
- 수업 교사의 알아차림이 더 명료해지도록 하는 실험 방법에는 무엇이 있을까?
- 수업 교사의 강한 당위는 무엇인가?

3단계는 2단계까지 진행한 탐색을 바탕으로 수업 교사가 자신을 더 깊이 알아차려 통찰이 일어나도록 하는 과정이다. 수업 코치는 수업 교사의 수업과 관련한 알아차림을 착실히 따라가면서 수업 교사가 소외시키거나 단절시키고 있는 부분까지 깊이 있게 알아차리고 통합해서 그 의미를 깨닫도록 해주어야 한다. 주의할 것은 이 작업이 수업 코치가 원하는 방향이 아니라 지금까지 진행해온 수업 교사의 알아차림 과정을 더 깊게 해주는 방향으로 가야 한다는 것이다. 이를 위해 게슈탈트 상담 이론에서 사용하는 현상학적 초점화와 실험 방법을 어떻게 활용할 수 있는지 살펴보자.

■ 고민 해결에 더욱 초점 맞추기

고민 해결에 보다 초점을 맞추고, 깊은 알아차림으로 나아가는 방법을 현상학적 초점화라고 한다. 현상학적 초점화는 어떤 현상을 조명하기 위해 현상학적 방법을 사용하는 것으로 일종의 지도된 알아차림directed awareness(Yontef, 2008)이며, 수업 교사의 알아차림을 더욱 명료화하기 위한 방법으로 활용할 수 있다. 이 과정은 구체적으로 다음과 같이 두 단계로 구분할 수 있다.

먼저, 수업 코치는 수업 교사에게 수업 상황에서 일어난 경험과 그것을 이야기하는 지금-여기에서 이루어지는 경험(수업 코칭 상황에서의 경험)에 대해 충분히 이야기하도록 이끌어줄 필요가 있다. 다음으로 수업 코치는 이 과정을 보면서 관찰한 내용을 요약하거나 자신의 생각을 확인해볼 수 있다. 즉, 수업 코치는 수업 교사의 목소리, 표정, 전달되는 감정, 행동 패턴에 대해 요약해주거나 공감해줄 수 있으며, 이 과정에서 생긴 자신의 추측이나 가설을 확인하거나 질문할 수 있다. 이때 수업 코치는 자신의 관찰과 추측을 이야기하되, 이것을 수업 교사가 얼마든지 수정할 수 있는 것으로 보는 열린 태도를 취해야 한다. 수업 코치와 수업 교사의 만남은 수업 현상을 함께 탐색하는 동반자로서 관계이기 때문이다. 예를 들어 다음 대화 과정에서 이런 현상학적 초점화가 어떻게 나타나고 있는지 살펴보자.

수업 코치 : 선생님, 화가 나는데 풀지 못해서 애먹은 순간이 오늘 수

업 시간에도 있었나요?

수업 교사 : 네, 사실은 오늘도 몇몇 아이들이 시끄럽게 굴어서 뭐라고 해주고 싶었는데 꾹 참았어요.

수업 코치 : 그때 선생님이 하고 싶었던 얘기는 무엇이었나요?

수업 교사 : (힘없는 목소리로) 이제 수업 시작하니까 선생님 말 좀 들어줬으면 좋겠어.

수업 코치 : 그런데 지금 그 이야기를 하는 목소리에 별로 힘이 실린 것 같지 않은데, 어떤 마음이신가요?

수업 교사 : 저는 수업 준비가 평소보다 조금 부족했다 싶으면 자신감이 없어지더라고요.

수업 코치 : 수업 준비를 더 했어야 한다는 생각이 들어서 자신감이 없었고, 그래서 조용히 해달라는 말도 하기 어려우셨던 게 아닌가 싶네요.

수업 교사 : 네, 맞아요. 그런 악순환이 반복돼요.

이 대화에서 밑줄 친 수업 코치의 말은 교사의 수업 경험 중 알아차림의 영역에서 제외되었던 부분을 수업 코치가 관찰한 내용을 기반으로 다시 초점을 맞춰서 이야기하고 있는 것이다. 이 과정에서 수업 코치는 자신이 관찰한 것과 추측한 것을 이야기하면서도 상황에 대한 자신의 의견이 수정될 수 있는 여지를 열어놓았다. 만일 수업 교사가 수업 코치와 함께 더 깊은 알아차림을 경험하지 못했다면, 다시 수업 상황으로 돌아갔을 때에도 지속적으로 알아차림을 회피하며 지낼 수 있다. 수업 코치를 신뢰하고 지지하는 관계가 이루어진 바탕에서만 평상시 잘 마주하지 못했던 영역에 대한 알아차림이 일어나고, 지금까지 하지 못했던 또 다른 경험을 하는 계기를 마련할 수 있다.

■ 다양한 실험 해보기

알아차림의 수준을 높이기 위해 여러 가지 실험적 방법을 사용할 수 있다(김정규, 1995 / Yontef, 2008). 수업 코칭의 장면에서 실험은 알아차림이 필요한 영역, 즉 특정한 행동, 말, 생각을 통해 보다 직접적인 경험을 하는 것이다. 이렇게 하는 것은 특정한 행동의 습득을 목적으로 한다기보다 더 분명한 알아차림이 이루어지도록 하기 위해서다. 다음에서는 김정규(1995)와 욘테프(2008)가 제시한 여러 실험 방법 가운데 수업 코칭 장면에서 활용할 수 있는 것들을 선택해서 어떻게 적용 가능한지 구체적으로 살펴보도록 하겠다.

① 신체 감각 자각하기

신체 알아차림은 감정이나 생각으로 미처 표현하지 못했지만 신체 감각으로 지각된 내용을 더 잘 알아차리도록 함으로써 궁극적으로는 억눌린 감정이나 생각을 알아차리도록 하는 것이다. 예를 들면 수업 시간에 있었던 힘든 이야기를 하면서 그냥 담담하게 '학생들과의 관계는 늘 어려운 것 같다'는 이야기만 하고 다른 주제로 넘어가려고 한다면 다음과 같이 그때의 신체 감각에 대한 알아차림이 가능하도록 질문할 수 있다.

"선생님, 지금 그 이야기를 하시면서 몸의 상태는 어떤가요?"

혹은 주먹을 꽉 쥐거나 어깨에 힘을 주는 등 신체적 변화를 관찰했다면 이와 관련한 질문을 다음과 같이 할 수 있다.

"지금 선생님의 어깨가 뭐라고 말하는 것 같으세요?

"꽉 쥔 손이 뭐라고 말하는 것 같으세요?"

"주먹을 꽉 쥐면서 얼굴 표정이 굳어지는 것 같던데, 선생님도 그걸 느끼셨나요?"

수업 시간에 경험하는 여러 가지 감정을 억압하거나 왜곡하는 것은 '교사는 감정에 휩쓸려서는 안 된다'거나 '학생들에게는 늘 친절하게 대해야 한다'는 강박 또는 자칫 감정을 표현했을 때 걷잡을 수 없는 사태가 벌어질 수 있다는 두려움 때문일 가능성이 높다. 이럴 때 신체 자각 과정을 통해 자신의 감정과 생각을 충분히 알아차리고 수용할 수 있게 되면, 경험적으로 그것을 억압하거나 피하지 않아도 된다는 사실을 깨닫게 된다. 무조건 회피하는 것이 능사가 아니라 충분히 알아차리면 얼마든지 조절할 방법을 생각해낼 수 있다는 것을 알게 되는 것이다.

② 과장해보기

현재 느끼는 감정이나 생각, 행동, 경험을 여러 가지 방법으로 과장

해보는 것을 말한다. 예를 들어 선생님이 '이젠 학생들이 두려워서 피하고 싶은 마음이 든다'고 말했다면 여기에는 복합적인 감정이나 생각이 내재되어 있다고 볼 수 있다. 막연히 힘들다는 것을 느끼면서도 선생님 자신도 그것이 무엇인지 분명하게 잘 모르는 상황이라면 자신의 마음을 알 수 있도록 과장해보기 방법을 사용할 수 있다.

구체적으로는 '학생이 두렵고 피하고 싶은 마음'을 표현하는 동작을 할 수도 있고, 마치 그 말을 학생에게 직접 하는 것처럼 연출할 수도 있다. 이런 실험을 통해 마음속에 혼재되어 있던 상처받은 마음, 화나는 마음, 그럼에도 여전히 학생들과 함께하고 싶은 마음을 뚜렷하게 경험할 수 있다. 자신도 잘 몰랐지만 분명히 존재하는 마음들을 알아차릴 때 학생과의 관계에서 정말 무엇을 어떻게 하고 싶은지 분명해질 것이다.

③ 현재화 기법

현재화 기법은 과거의 사건이지만 지금 수업 장면에 영향을 주거나 미래에 일어날지 모른다는 막연한 예상 때문에 불안을 느끼는 사건에 대해 마치 실제 일어나고 있는 것처럼 생생하게 되살려서 경험하도록 하는 것이다. 그럼으로써 과거 혹은 미래 사건의 의미를 분명하게 알아차리고, 그 영향력을 넘어설 수 있도록 돕는 역할을 한다.

예를 들어 과거에 학생의 수업 태도를 지도했다가 학생과 크게 갈등을 빚은 경험이 있는 선생님이 지금도 학생과의 관계를 매우 힘들어한다면, 앞에 빈 의자를 놓고 그 학생이 앉아 있다고 생각하면서 말을 하거나, 수업 코치와 역할을 분담해서 과거 상황을 재연해서 그 때 미처 표현하지 못한 화나는 마음과 미안한 마음을 충분히 표현하도록 하는 것이다.

현재화 기법은 존재하지 않는 과거나 미래가 마치 존재하는 것처럼 현재에 영향을 미치는 현상을 다룸으로써 교사가 막연한 감정과 불안한 생각을 분명하게 알아차리도록 하여 또 다른 선택이 가능하도록 하는 방법이다.

④ 빈 의자 기법

수업과 관련한 대부분의 고민은 방법을 몰라서라기보다 여러 가지 이유로 갈등 상황에 놓여 있어서 해결이 어려운 경우가 많다. 내면의 가치관끼리 충돌이 일어날 때도 있고, 여러 사람의 의견을 반영해야 할 때도 있다. 어떤 경우든 선택을 하는 데에는 어려움이 따르지만 어느 쪽을 선택해도 선생님의 고민이 해결될 것 같지 않을 때, 통합적인 접근을 위해 사용할 수 있는 것이 빈 의자 기법, 또는 두 의자 기법이다.

수업 고민을 같이 나눴던 선생님 중 수업 시간에 학생의 의견은 충분히 고려하면서도 교사로서 자신의 생각을 잘 표현하지 못하는 분이 있었다. 이야기를 나눠보니 스스로도 그렇다는 걸 잘 알고 있었지만 수업을 하다 보면 '학생의 의견을 더 많이 수용하지 않으면 안 된다'는 생각을 하게 된다는 것이다. 교사로서 당당히 자신의 의견을 이야기하며 밀고 나가야 하는 순간이 있어야 한다는 것을 알면서도, 그렇게 하는 것이 자신이 원하는 수업의 모습과 거리가 있는 것 같아서 망설여지는 것이다.

이와 같은 갈등 상황이 벌어질 때, 특히 두 마음이 있어 어느 쪽도 선택하기 어렵다고 느낄 때, 빈 의자 기법 또는 두 의자 기법을 통해 각각의 마음속에 어떤 감정과 생각이 숨어 있는지 충분히 경험해보는 것이 도움이 된다.

A 마음 : 지금까지 난 아이들에게 최선을 다했어. 그러니까 이젠 내 이야기를 좀 해도 돼.

B 마음 : 하지만 지난번 수업 시간에도 수정이의 이야기를 잘 들어주지 않았잖아.

A 마음 : 그건 이미 다른 아이들의 이야기를 듣느라 너무 많은 시간이 갔기 때문이야.

B 마음 : 그렇게 되지 않도록 더 수업 준비를 잘 했어야지.

A 마음 : 지금도 난 정말 최선을 다하고 있어

B 마음 : 글쎄, 그래도 좀 부족한 것 같은데….

선생님의 마음속에는 '이제 좀 내 생각을 표현해도 된다는 마음 (A)'과 '그래도 아이들의 이야기를 듣기 위해 더 노력해야 한다는 마음(B)'이 갈등하고 있다. 이렇게 수업 교사가 자신의 의견을 표현할 때 수업 코치는 옆에서 충분한 지지와 공감을 표현해주어야 한다. 또 그 과정을 옆에서 지켜보면서 어떤 알아차림이 일어났는지 물어보고, 수업 코치가 관찰한 것과 느낀 점에 대해 전하며 경험의 의미를 탐색해야 한다.

이런 실험을 하고 나면 선생님은 둘 중 한 가지 마음을 선택해야 한다는 생각보다 자신이 지나치게 완벽주의적인 태도를 취하고 있었다는 사실을 깨닫게 될 것이다. 또 최선을 다해 노력하면서도 더 노력하지 않으면 안 된다고 스스로를 너무 몰아붙임으로써 오히려 수업 시간에 균형 있는 태도를 갖지 못하게 만들었다는 것도 알게 될 것이다. 내면에 서로 어긋나거나 갈등하는 지점이 있을 때 이를 피하지 않고 충돌하는 두 마음을 충분히 경험하고 이해하면, 단순히 어느 한쪽 입장을 선택하는 것이 아니라 둘을 통합할 수 있게 된다.

4단계 : 경험 정리와 이후 과제

- 수업 교사는 수업 나눔을 하는 동안 어떤 경험을 했는가?
- 그 과정에서 발견한 수업 교사의 자원과 힘은 무엇인가?
- 이제 남은 과제는 무엇인가?
- 과제 수행을 방해할 만한 요소와 이에 대한 대비책은 무엇인가?

이제 마무리 단계이다. 이 단계에서는 지금까지 수업 코칭 과정을 통해 경험하게 된 것이 무엇인지 생각하고, 앞으로 수업과 관련해서 실천에 옮길 과제는 무엇이며, 지속적으로 고민할 필요가 있는 부분은 어떤 것인지를 정리해둔다.

■ 수업 코칭 과정을 통해 얻은 경험 정리하기

수업 코칭 과정에서 어떤 것을 경험했는지 확인하고, 그 의미를 명확히 하는 것은 매우 중요한 일이다. 수업 코칭 과정을 거쳤다고 해도 문제가 다 해결된 것은 아니며, 어쩌면 수업을 계속하는 한 수업에 대한 고민은 끝나지 않을 것이다. 그래도 수업 코칭 과정을 통해 수업 경험에 대한 알아차림과 통찰에 이르게 된 부분은 앞으로 생기는 고민들을 해결하는 데 중요한 열쇠가 되어줄 것이다. 따라서 수업 고민 중 어떤 부분은 해결되었고, 어떤 부분은 아직 남아 있는지를 구체화하고, 특히 해결한 부분과 관련해서는 무엇이 어떻게 도움이 되었는지를 잘 기억해둘 필요가 있다. 무엇보다 특정한 고민에 대한 특정한 해결책보다 거기에 이르도록 한 알아차림의 과정과 방법을 기록해놓는다면, 고민의 내용이 달라지더라도 적용할 수 있는 범위가 훨씬 넓어질 것이다.

■ 남은 과제와 실천 방해 요소 구체화하기

수업 코칭은 성장을 위한 출발점일 뿐이다. 수업 코칭을 마친다고 해서 수업과 관련한 고민이 사라지는 것이 아니라 오히려 더 구체화되기도 하고, 심지어 없던 고민이 생길 수도 있다. 수업에 대한 고민 자체가 문제가 아니라 고민을 해결할 수 없는 상태로 놔둠으로써 마음을 짓누르거나 회피하고 싶은 마음이 드는 것이 문제다. 수업 코칭 이후에는 과감하게 마주해야 할 고민을 마주하고, 너무 크게 다가와서 차마 다룰 생각을 못했던 문제들은 조금씩이나마 다룰 수 있는 형태로 바꾸어보아야 한다.

예를 들어 수업 코칭을 통해 '학생들의 통제'에 대한 고민에 어느 정도 해결의 가닥을 잡았다면, 이제는 이것을 어떻게 적용해야 할지 생각해야 한다. 그리고 어느 정도 수업에 대한 통제가 가능해졌다면, 그동안 하지 못했던 수업이나 같이 해보고 싶었던 여러 가지 활동을 어떻게 적용하면 좋을지 구체적으로 생각해보아야 한다. 이런 점에서 수업 코칭은 수업과 관련한 특정한 고민을 해결하는 과정일 뿐만 아니라 앞으로 생길 수업 고민을 어떻게 풀 수 있을지 미리 연습해보는 과정이기도 하다.

남아 있는 과제와 이를 극복하기 위한 방법이 무엇인지 생각해보고 함께 나누는 작업을 코칭의 마지막 작업으로 삼는다면, 이후의 성장을 위한 중요한 이정표를 세워놓은 셈이다. 교사로서 진정한 자기 성장의 과정은 지금부터라고 할 수 있을 것이다.

이 책에서 다룰 수업 코칭의 영역

지금부터 4단계 수업 나눔 과정을 통해 자신의 수업을 공개하고, 알아차림의 과정을 마친 선생님 일곱 분과의 만남이 기다리고 있다. 선생님들은 각기 다른 수업 고민을 가지고 수업 코칭의 장면에 섰다. 그리고 수업 안에서 고민을 녹이고, 스스로 해결 가능한 형태로 변화시켰다. 물론 아직 남은 과제들은 있지만 선생님들의 고민 과정을 살피고 해결하는 과정을 따라가다 보면 4단계 수업 코칭 과정의 의미가 보다 분명해질 것이다.

자신의 수업을 관찰하고 변화를 향해 한 발 나아가고자 할 때, 또는 동료 교사들의 수업을 보면서 더 높은 수준의 알아차림과 변화를 향해 다가가고자 할 때, 그 길의 안내자로서 충분한 역할을 해주기를 기대하면서 선생님들의 수업과 코칭 내용을 소개한다.

구분	수업 고민의 주제
Chapter 3	수업에서 경계 세우기
Chapter 4	수업에서 친밀한 관계 형성하기
Chapter 5	학생들의 수업 참여를 수업 목표로 연결하기
Chapter 6	학생들에게 어려워 보이는 내용 가르치기
Chapter 7	설명 중심 수업인가, 활동 중심 수업인가
Chapter 8	완벽주의가 주는 압박감 이겨내기
Chapter 9	수업에서 다양한 상호작용이 가능하도록 하기

Chapter 3

수업에서
경계 세우기

1.
수업 관찰하고
고민 나누기

　'경계 세우기'는 수업이라는 항해를 떠날 때 반드시 선행되어야 하는 일이다. 경계 세우기가 이루어져야 비로소 교사와 학생은 학습이라는 목적지를 향해 안심하고 출발할 수 있기 때문이다. 경계 세우기는 단지 학생들이 조용히 앉아서 수업을 듣도록 하는 것만이 아니라역할 분담은 어떻게 할 것인지, 의사소통은 어떻게 할 것인지, 무슨일이 생기면 어떻게 대처할 것인지 등 수업을 하는 동안 필요한 기본수칙을 숙지하고 지키게 하는 일이다. 기본 수칙도 모르고 항해를 시작했다가 폭풍이라도 몰아친다면 우왕좌왕하기 십상인 것처럼 수업도 마찬가지다.

　이렇게 중요한 일임에도 최근 경계 세우기가 제대로 되지 않은 수업, 소위 '교실 붕괴' 현상이 늘어나는 추세에 있다. 경계가 세워지지 않은 수업에서 교사는 학생의 학습을 위한 어떤 시도도 하기 힘들다.

"수업 시간에 저를 안 보는 아이들이 너무 많아 당혹스러워요. 그 모습을 보면 좌절감에 빠지게 되고, 내가 뭔가 잘못하고 있는 건 아닌가 하는 생각이 들어서 괴로워요."

경계 세우기가 이루어지지 않은 수업의 한가운데서 교사는 외로움, 자책, 분노라는 거친 감정의 폭풍에 휩싸인 채 좌초 직전의 배처럼 지치고 무기력해질 수 있다.

정현희 선생님의 수업 사례

정현희 선생님은 초등학교 5학년 과학 교과, 자석의 특성에 대해 알아보는 수업을 공개했다. 수업은 '지푸라기 속에서 바늘을 쉽게 찾으려면 어떻게 하는 것이 좋을까?'라는 질문으로 시작했다. 자석의 특성에 대해 생각해볼 수 있는 생활 속 예시를 활용한 것이다.

본격적인 수업에 들어가서는 막대자석을 사용해서 자석의 극이 무엇인지 설명하기 위해 클립을 붙이면 주로 어디에 많이 붙을지 질문도 하고, 실제 실험을 통해 이를 확인하기도 했다. 이 과정에서 자기력의 개념에 대해 설명했고, 막대자석에 클립을 누가 많이 붙일 수 있는지 시합을 함으로써 생생하게 경험하도록 했다. 수업의 마지막 부분에서는 지금까지 주로 설명한 막대자석 외에 어떤 자석이 있는지, 여러 종류의 자석을 영상 자료로 보여주었다. 생활 속 예시로 시작한 도입 부분, 학생들의 흥미를 끄는 실험, 실험과 관련한 이론적 개념들에 대한 설명에 이르기까지 자석의 특성을 잘 배울 수 있도록 설계한 수업이었다.

문제는 학생들의 수업 분위기였다. 실험을 하는 과정에서야 소란스러울 수 있다 치더라도 선생님이 이야기하는 동안에도 학생들은 사방에서 웅성거렸으며, 몇몇 학생들은 교실을 돌아다니거나 아예 교실 뒤편 사물함 위에 올라가 있기도 했다. 선생님이 경계 세우기를 시도하지 않은 것은 아니지만 교실은 산만하기 이를 데 없었다.

수업 고민

수업을 마치고 난 선생님의 수업 고민은 자연스럽게 경계 세우기의 어려움으로 모아졌다. 몇몇 아이들로부터 시작된 소란스러움이 교실 전체로 퍼지는 모습을 지켜보면서 선생님은 속수무책일 수밖에 없었다.

"학생들이 수업 시간에 시끄럽게 굴면 마음이 확 상해요. 너무 시끄럽게 구니까 제가 뭐라고 해야 되는데, 제 말이 안 먹힌다는 느낌이 드는 거예요. 떠드는 몇몇 아이들을 조용히 시켜보지만, 그러고 나면 어느새 또 다른 아이들이 떠들면서 분위기가 계속 흐트러져요."

주위에 조언을 구해보지 않은 것도 아니었다. 조언을 받아들여서 지금까지 너무 느슨하게 대했던 태도를 반성하고 '확 잡아보기'도 했다. 특히 산만한 분위기를 주도하는 몇몇 아이들에게는 매우 무섭고 엄격하게 대하기도 했다. 그러나 기대와 달리 학생들과의 관계만 더 안 좋아지는 결과를 가져왔다. 학생들은 선생님의 무서워진 모습을 보면서 반성을 하기는커녕 오히려 '갑자기 선생님이 나빠졌다'라며 심한 반발심을 드러냈다.

"수업 시간에 하도 장난을 쳐서 그날은 그냥 넘어가지 않고 야단을 많이 쳤어요. 그랬더니 이젠 아예 수업 시간 내내 엎드려 있는 거예요. 저도 더는 어떻게 해야 할지 모르겠더라고요."

상황이 이쯤 되면 교사는 심각한 딜레마에 빠질 수밖에 없다. 이제까지와 마찬가지로 수업을 한다면 산만한 분위기가 계속될 것이고, 반대로 확 잡으려 한다면 학생들과의 관계가 더 나빠질 가능성이 생기기 때문이다. 이러지도 저러지도 못하는, 마치 함정에라도 빠진 듯한 상황에서 무엇을 어떻게 해야 할지 방법을 찾아보아야 했다.

"너무 산만한 수업, 도대체 어떻게 해야 하나?"

"좋게만 대할 수도 없고, 무섭게 해도 잡히지 않는 아이들, 어떻게 해야 하나?"

2.
수업 고민의
배경 탐색 및 목표 설정

경계 세우기를 위한 알아차림 과정

경계 세우기의 일반적인 원리(3장 마지막 상자 부분 참조)를 알고 있다고 해도 실제 수업에서 적용하기는 쉽지 않다. 생길 수 있는 오해를 충분히 풀고 학생들을 납득시키는 데에는 긴 시간과 많은 노력이 필요하다. 작년 학생들은 충분히 잘 이해하고 수용했던 규칙들이 올해의 학생들에게는 갑자기 반감을 사는 등 예측하기 어려운 상황도 종종 발생한다. 그래서 경계 세우기의 원리를 알고 지키는 것 외에도 이 힘든 과정을 거치는 동안 마음을 잘 지키는 일이 매우 중요하다. 경우에 따라서는 마음을 먼저 회복해야 수업에서 경계 세우기를 시도할 여유가 생기기도 한다. 정현희 선생님도 바로 이런 상황이었다. 지금부터 정현희 선생님의 수업 고민에 초점을 맞춰서 마음속 배경 탐색과 알아차림 작업을 시작해보자.

■ 신체 감각 알아차림

수업에서 경계 세우기에 어려움이 생겼을 때 가장 먼저 반응을 보이는 곳은 아무래도 신체 감각 영역이다. '괜찮다, 괜찮다' 하며 문제 상황을 부정해보려 해도 다른 어떤 영역보다 신체 감각은 정직하게 반응한다.

"뭔가 알 수 없는 두려움 같은 것이 저를 사로잡으면서 목부터 어깨까지 확 긴장이 되는 거예요. 아침에 일어나면 학교에 가는 게 왠지 모르게 두렵고, 뭔가에 막 짓눌리는 듯했어요."

선생님은 경계가 세워지지 않아 통제가 제대로 이루어지지 않는 수업을 온종일 하면서 무겁고 힘든 시간을 보내야 했다. 게다가 해결 방법도 막연해서 하루하루를 그저 견디고 있는 식이었는데, 다른 어떤 영역보다 신체 감각이 먼저 반응을 보였다. 신체 감각은 우리가 느끼는 감정을 담고 있는 그릇에 해당하므로 신호를 보내면 무시하지 말고 그 신호를 받아들이고 해석해야 한다. 막연히 '괜찮다, 괜찮다' 하며 견딜 것이 아니라 상황을 보다 심각하게 받아들이고 어떻게 해야 할지 대책을 찾아야 한다.

처음에는 신호의 의미가 명확하지 않을 수도 있다. 하지만 신체 감각이 보내는 신호를 놓치지 말고 조금씩 구체적으로 탐색하다 보면 이와 연결된 감정과 생각이 모습을 드러낼 것이다. '긴장되고, 두렵고, 화나는' 그 감각을 따라가다 보면 이어지는 감정과 생각, 즉 내면의 모습이 선명하게 드러나는 것이다. 알아야 해결 방법도 찾을 수 있다.

■ 감정 알아차림

'종로에서 뺨 맞고 한강에서 눈 흘긴다'는 속담이 있듯이, 해결하지 못한 감정은 기어이 어떤 형태로든 그 모습을 드러내게 돼 있다. 3교시에 수업을 한 선생님이 예의에 어긋난 행동을 하는 학생을 보고 화가 났다 치자. 참고 넘어갔는데 5교시 수업을 하면서 또 다른 학생이 비슷한 행동을 하는 것을 보고는 참지 못하고 정도 이상으로 화를 내고 말았다. 그렇다면 3교시에 눌러두었던 화가 그대로 남았다가 기어이 영향을 끼친 것으로 보아야 한다. 이처럼 감정은 억지로 덜어내거나 없애버리기가 쉽지 않다. 선생님이 3교시 수업에서 화가 났다는 사실을 인정하고 그 학생에게 주의를 주었든가, 아니면 혼자서라도 마음을 진정시켰더라면 이후 5교시 수업을 할 때 다른 학생에게 화가 났어도 3교시에 있었던 상황과는 별개로 다룰 수 있을 것이다.

감정은 부정하거나 회피하려 들면 오히려 힘이 더 세져서 어느 순간 폭탄처럼 터져버린다. 역설적이게도 한 발 더 다가가 그 감정에 머물러주는 것이 감정에서 빨리 놓여나는 방법이다. 감정을 억압하려 하다가 오히려 문제를 해결하는 데 어려움을 겪은 일이 수업 사례의 정현희 선생님에게서는 다음과 같이 나타났다.

"예를 들어 아이가 계속 '안 해요' 하면, 그래도 해야 한다면서 실랑이를 하게 되고, 그러다 보면 어느새 분위기가 다 흩어져 있어요. 그 순간 이 아이를 버리고 가야 할지 끌고 가야 할지 잘 모르겠어서 혼란스러워져요."

선생님은 그동안 학생들과 여러 차례 겪은 갈등 상황에서 '화나는 감정'을 누적해서 가지고 있었고, 해결 방법을 찾지 못한 상태에서 비슷한 일이 벌어질 때마다 괴로워했다. 감정을 알아차리지 못하면 조절할 수도 없다.

■ 생각 및 행동 알아차림

감정은 당연히 생각·행동과 연결되어 있다. 감정을 충분히 알아차리면 연결된 생각과 행동을 알아차리는 것도 쉬워진다. 정현희 선생님과 이 작업을 다음과 같이 진행해보았다.

수업 코치 : 화가 나고 두려운 것은 어떤 생각을 했기 때문일까요?
수업 교사 : 교실이 소란스러워지는 게 두렵고, 화를 내는 저를 보면서 아이들이 실망하는 것도 두려운 것 같아요. 아이들이 3, 4월에는 우리 선생님 너무 좋다고 그랬는데, 제가 화를 많이 내니까 안

좋은 선생님이 돼가는 것 같아서.

수업 코치 : 아, 아이들이 선생님한테 실망할까 봐.

수업 교사 : 네, 아이들도 그렇고, 학부모님들도 저를 비난할 것 같은 생각이 들더라고요. 또 통제를 잘하는 다른 반 선생님들과도 비교할 것 같고요.

수업 코치 : 다른 반 선생님들과 비교한다고 생각하면 마음이 어떠신가요?

수업 교사 : 좌절감이 들죠.

수업 코치 : 좋게 대하면 너무 소란스러워지고, 그렇다고 화를 내면 아이들과 관계가 안 좋아지고. 이렇게도 못하겠고, 저렇게도 할 수 없는 상황처럼 느끼시는 것 같네요.

수업 교사 : 네, 맞아요. 이런 상태에서 수업을 하면 가슴이 꽉 막히면서 수업을 제대로 진행하기가 힘들어요.

수업 사례에서 언급한 선생님의 내면에서 일어나고 있는 일들을 영역별로 정리해보면 다음과 같다.

신체 감각 : 뒷목이 뻣뻣하고 눌리는 느낌

감정 : 화, 두려움

생각 : 다른 선생님들은 다 학급 통제를 잘하는데 나만 못하는 것 같다. 화를 내면 아이들은 나에게 실망하고 안 좋은 선생님으로

볼 것이다. 수업 준비를 더 잘했더라면 학생들이 이렇게 떠들지 않았을 텐데, 내 잘못이다.

행동 : 수업 시간에 갑자기 화를 냄. 학생들의 행동을 제대로 통제하거나 반응하지 못함. 일상적인 수업 진행도 힘들어짐.

이런 내면의 흐름은 서로 분리되어 있지 않고, 다음 그림처럼 서로 연결되어 있다.

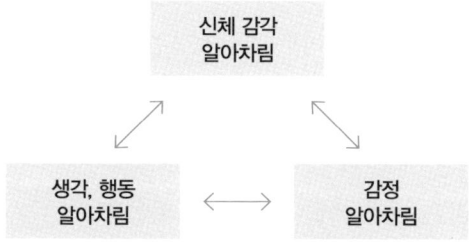

내면의 흐름을 머리로 이해하는 것이 아니라 경험적으로 알아차리게 되었을 때, 경계 세우기가 필요한 상황에서 대처하는 것이 왜 어려운가를 스스로 이해하게 된다. 그리고 스스로를 이해하게 되면 이전보다 자신을 더 잘 수용할 수 있게 된다. 예를 들어 "학생이 떠들 때 주의를 주는 것이 나에게 어렵게 느껴지는 건 학생들이 나에게 실망하는 것은 아닐까 걱정해서였구나", "다른 반 선생님은 잘하시는데 나는 통제를 못한다고 생각해서 더 초조했구나" 하는 식으로 자신의 현재 상태를 이해하게 된다. 알아차림과 자기 수용은 가장 밀착된 형

태의 자기 지지이며, 이를 통해 문제 해결을 위한 지름길을 찾을 수 있다. 그럼, 이와 같은 알아차림을 기반으로 보다 구체적인 문제 해결 방안을 찾아보도록 하자.

3.
수업 고민의
해결 방법 모색

알아차리면 조절할 수 있다

구체적인 알아차림과 통찰을 기반으로 경계 세우기와 관련한 문제 해결 방법을 모색하는 단계이다. 경계 세우기와 관련해서 가장 통제하기 어려운 감정은 '화'다. 화나는 감정을 조절할 수 있게 되면 학생들과 대화하는 것이 조금 편해질 것이다. 수업에서 경계 세우기를 하기 위한 교사의 지도는 매우 당연한 것이고, 그 내용의 정당성에 대해서는 누구도 부정할 수 없다. 그러나 아무리 내용이 정당하더라도 그 과정에서 화를 내거나 짜증을 내면 내용상의 정당성까지 잃어버리는 역효과를 낸다. 그렇다고 학생들이 산만해지고 웅성거릴 때 자신이 화를 낼까 봐 두려워서 아무 제지도 하지 않는다면, 정도가 점점 심각해져서 나중에는 걷잡을 수 없는 상황으로 번지게 될 확률이 높다. 화나는 감정과 짜증을 잘 조절하면서 통제가 필요한 상황에서 정확히 지켜야 할 규칙이 무엇인지, 규칙을 왜 지켜야 하는지에 대해 이야기할 수 있어야 한다.

그렇다면 이런 상황에서 어떻게 화나는 감정을 조절할 수 있을까? 조절은 참는 것과는 다르다. 조절을 하려면 먼저 현재 상태를 잘 알아차려야 한다. 어떤 감정의 흐름이 시작되었는지를 알아차리지 못하면 조절도 불가능하다. 극단적인 상황이 되었을 때는 어떤 감정이든 조절하기가 쉽지 않지만, 화는 특히 더 그렇다. 화나는 감정을 조절하려면 약간 기분이 나빠진 상태가 시작되려고 할 때부터 이를 알아차리는 것이 중요하다. 이제 본격적으로 수업 사례에서 선생님이 소란스러운 상황에서 자신의 감정을 얼마나 알아차리고 있었는지를 알아보도록 하자.

수업 코치 : 초반에는 선생님이 수업 시간에 아이들이 조용히 하는 것을 10점에서 4점 정도로 중요하다고 생각하셨는데, 수업 15분경 상당히 소란해져서 옆 반에까지 들리겠다는 생각이 들 정도로 커졌고, 선생님 얼굴도 굉장히 안 좋아졌어요. 그때는 10점 만점에 4점은 아니셨을 것 같은데, 몇 점 정도로 생각하세요?

수업 교사 : 네, 맞아요. 6점에서 7점?

수업 코치 : (수업 영상을 같이 보며) 소란스러운 정도가 계속 심해지고 있네요.

수업 교사 : 네, 이때쯤 해서 아이들의 움직임이 더 많아졌어요.

수업 코치 : (다시 다른 부분의 수업 영상을 보며) 선생님 표정에서 정말 힘들어하시는 것이 느껴질 정도네요.

수업 교사 : 통제를 어느 정도까지 해야 하는지, 그 수위를 모르겠어요. 아이들은 그냥 말로 하면 안 듣고, 화를 내야만 들으니까요.

그런데 선생님은 의외로 수업 시간에도 그리고 수업을 마치고 나서 영상을 다시 보며 수업 상황을 떠올리는 수업 나눔 시간에도, 학생들이 소란스러워지는 정도가 심해지는 장면에서 스스로 얼마나 화가 나고 힘들어했는지 잘 알아차리지 못했다. 오히려 옆에서 수업을 관찰한 내가 더 힘들 정도였다.

실제로 이렇게 눌러놓은 분노의 감정은 갑작스런 폭발로 표현되는 경우가 많다. 다만 선생님은 그렇게 되는 상황이 두려워서 평소부터 많이 인내하는 편이었고, 제재를 가할 정도의 소란스러운 상황에서 조차 별로 개의치 않는 것처럼 느끼고 행동했다. 이것이 바로 악순환의 고리라고 할 수 있다. 학급의 경계를 세우려면 산만해지는 조짐이 시작될 때, 선생님이 바로 제재를 가해서 다시 집중시키는 것이 가장 효과적이다. 한데 그 상황을 알아차리면 화를 내게 될까 봐 아무렇지 않은 척 넘어가다 보니 학생들은 학생들대로 그렇게 해도 되는 것으로 생각해서 점점 정도가 심해지고, 선생님은 선생님대로 알아차리지는 못했지만 화나는 마음이 자꾸 쌓여서 어느 순간 폭발하게 되는 것이다.

갑작스런 분노의 폭발만큼 수업 분위기 조성에 도움이 되지 않는 것은 없다. 참는 것은 온전한 해결법이 될 수 없으므로 낮은 수위에서 알아차리고 대처하는 것이 가장 현명한 방법이다. 분노의 수준이 비교적 낮을 때는 자신의 감정을 잘 알아차리고 조절할 수 있지만, 분노가 끝까지 차오른 다음에는 순식간에 극단으로 치달아서 회복하기 힘든 상태가 될 수 있다.

자신의 감정을 알아차리고 이름을 붙여보거나 척도를 사용하는 것도 도움이 된다. 10점 만점에 현재 감정 상태가 몇 점이 되는지 점수를 매기고, 다시 그 상태가 되었을 때 알아차림의 정도를 증가시킨다. 각 점수대 별로 신체 감각이나 감정 상태가 어떤지에 대해 이야기하거나 질문을 통해 알아차림의 정도를 높여줄 수도 있다. 점수 자체가 중요한 것은 아니고, 알아차림의 정도를 증가시키는 것이 관건이다. 자신이 화가 나 있다는 것, 어떤 상황이 되었을 때 그렇게 화가 나는지, 화난 감정이 어떻게 변화하는지를 알아차릴 수 있으면 조절도 가능하다. 알아차림이 이루어지면 각각의 점수 상태가 되었을 때 상황을 어떻게 변화시켜서 통제할 수 있는지도 생각할 수 있게 된다.

경계 세우기에 필요한 것은 '화'가 아니라 '의사표현'

분명한 것은 수업 분위기를 만들기 위해서 교사가 반드시 화를 내야 하는 것은 아니라는 점이다. 화는 학급 분위기를 조성하는 과정에서 충분히 이해받지 못하거나 존중받지 못했다고 느낄 때 생기는 감정이지, 화를 내는 것과 학급 분위기를 만드는 것은 아무 관련이 없다. 오히려 화를 내면 수업 분위기를 조성하는 데 부정적인 결과를 초래하는 일만 생긴다. 결국 수업의 경계를 세운다는 것은 화내는 것이 아니라 학생들에게 어떤 학습 태도가 필요한지, 어떤 규칙이 필요한지를 가르치는 과정이며, 이를 실천하도록 한다는 의미다.

사용할 수 있는 방법은 화내는 것 말고도 얼마든지 있다. 예를 들면 수신호를 사용할 수도 있고, 큰 소리로 주목을 시킬 수도 있다. 단, 전제 조건이 있는데 이럴 때 화나는 감정에 얽매이거나 그 함정에 빠지지 않아야 한다는 것이다. 일단 화나는 감정에 빠져들면 이런 방법들은 하나도 제대로 사용할 수 없기 때문이다.

혹시 화나는 감정의 수위를 조절하지 못해서 분노가 폭발해버린 다음이라면, 더는 어떤 방법도 설 자리가 없다. 경계가 허물어지는 초기 신호가 보이는 바로 그 순간, 학생들 스스로도 그것이 무엇을 의미하는지 모르지만 규칙을 어기는 현상들이 나타나는 아주 초기에, 그 의미가 무엇인지 이야기해주고 '하지 말라'는 명확한 의사표현을 해야 한다. 학생들도 선생님도 아직 서로 이야기할 수 있는 그 시점에 말이다. 그럼에도 선생님의 의사표현, 즉 '규칙을 어기지 말고 지키라'는 메시지가 효과를 발휘하지 못한다면, 그보다 조금 더 센 수위의 의사표현을 아직은 '말'로 해야 한다. 초기에는 이렇게 학생들에게도, 학생들을 통제해야 하는 선생님에게도 선택의 여지가 있다. 이 타이밍을 놓치지 않는 것이 중요하다.

정현희 선생님의 대처 방법도 먼저 상황을 알아차리고, 자신의 감정을 알아차리고, 이에 따른 수위를 조절하는 것이었다. 사람마다 적절한 수위와 대처 방법에 차이가 있으므로 자신에게 맞는 방법을 찾는 것이 중요하다.

실험을 통해 의사표현 연습하기

이제 정현희 선생님은 대화 과정을 통해 경계 세우기와 관련해서 자신의 감정을 알아차리고, 조절해야 하며, 수업 상황에 맞게 의사표현을 하는 것이 필요하다는 사실을 알게 되었다. 그러나 안다고 해서 바로 적용하기란 쉽지 않은데, 아직 해보지 않은 일의 적용 가능성을 높이기 위한 방법으로 실험을 사용할 수 있다. 즉, 실제 수업 상황이라는 가정 아래서 연습을 해보는 것이다. 학생들이 약간 산만해지는 상황에서 많이 산만해지는 상황까지를 4단계로 구분하고, 각 단계별로 어떤 의사표현이 가능한지 정리해보았다.

■ 1단계

학급 상황 : 대부분의 학생이 선생님을 주목하고 있다. 몇몇 학생만 아직 수업을 위한 준비가 되어 있지 않다.

교사의 의사표현 : (가볍고 상냥한 목소리로) 우리 정미하고 수영이, 선생님을 봐주니까 정말 기분 좋은데. 다른 친구들도 정미와 수영이처럼 바르게 앉아줄래? 교과서 펴고, 선생님 보세요.

■ 2단계

학급 상황 : 조금씩 소란스러워지거나 지루해하는 반응이 나타난다. 그러나 대부분의 학생은 선생님의 이야기에 주목하고 있다.

교사의 의사표현 : (목소리에 조금 무게를 실어서) 분위기가 소란스러워지니까 선생님이 화나려고 하네. 얘들아, 조금만 조용히 해줄래? 조금만 차분하게 목소리를 가라앉히고 자세를 바르게 하고 선생님 좀 보자.

■ 3단계

학급 상황 : 몇몇 학생이 수업에서 이탈하면서 수업을 방해하는 행동을 보이기 시작한다.

교사의 의사표현 : (목소리 톤을 조금 높이며) 자, 모두, 선생님 눈! 바른 자세로 앉으세요. 옆 친구랑 장난치지 않습니다. 떠들지 마세요.

■ 4단계

학급 상황 : 점차 수업 방해 행동의 수위가 전반적으로 높아진다.

교사의 의사표현 : (목소리 톤을 많이 높이며) 머리 위에 손! 눈 감으세

요! 옆 친구랑 떠들지 않습니다! 책상 반듯이 하고 의자 잡아당겨 바른 자세로 앉으세요. 눈 감고, 머리 위에 손.

4.
경험 정리와
이후 과제

이제 경계 세우기가 필요한 실제 수업 상황으로 돌아가 적용하는 일만 남았다. 그리고 그 전에, 실험 과정을 통해 얻고 통찰한 내용이 무엇인지 정리해두는 것이 중요하다.

"이제야 해결책을 찾은 것 같아요. 내면에 사이클이 있었는데 이것이 반복되는 거였구나, 하는 것을 알게 되었어요. 내가 화를 내지 않고 극단으로 치닫지 않으려면 미리 통제해야 하는데, 그걸 못하고 있었다는 것도 알게 되었어요. 다른 선생님들이 무섭게 잡으라는 것을 저는 화를 내라는 것으로 잘못 알아듣고, 그러면서 더 힘들었던 것 같아요. 방향을 좀 잡은 것 같아서 다행이에요."

이 소감에서 알 수 있듯이 경계 세우기의 어려움을 경험한 정현희 선생님이 수업 코칭 과정을 통해 얻은 것은 다음 세 가지로 요약할 수 있을 것이다.

- 왜 경계 세우기에 어려움이 있었는지, 내면 흐름에 대한 알아차림
- 내면 흐름에 대한 알아차림과 실제 수업 현상과의 관련성 알아차림
- 일련의 과정에서 지금까지 사용해온 경계 세우기 방법과 또 다른 선택 가능성에 대한 알아차림

물론 깨달음을 현실에서 적용하려 할 때에는 어려움이 따를 수도 있다. 실제 수업 시간에는 미처 예상하지 못한 돌발 상황이 발생하기 때문이다. 그렇다 하더라도 지금 깨달은 것이 무의미하지는 않을 것이다. 오히려 수업 코칭 과정에서 연습한 수업 장면과 실제 장면에 어떤 공통점과 차이점이 있는지 구체적으로 살피면서 통찰을 더욱 정교화하거나 보완하게 될 수도 있다. 경계 세우기를 위한 작업은 어느 순간 완벽한 해결책을 찾을 수 있는 것이라기보다 지금 이 순간 내가 만나는 학생들과의 관계 속에서 끊임없이 방법을 찾아가는 과정이다. 그럴 때 비로소 나와 내 수업에 맞는 경계 세우기가 가능해질 것이다.

 경계 세우기를 위한 일반적인 원리

① 긍정적 관계의 기반 위에서 세워야

경계를 세운다는 것은 단순히 수업할 분위기를 만든다는 것만을 의미하지 않는다. 그것은 학생들에게 학업을 위해 나와 친구들이 함께 지켜야 할 규칙이 무엇인지를 깨닫고 실천하도록 하는 교육적 의미가 담긴 과정이다. 경계 세우기의 최종 목적은 함께 공부하고 생활하는 데 필요한 질서와 규칙에 대한 교육을 하는 데 있으며, 다른 교육적 과정과 마찬가지로 교사와 학생의 긍정적인 관계가 선행 조건이다.

긍정적 관계에 기반을 두지 않은 경계 세우기는 '교육'에서 일종의 '훈련' 과정으로 전락할 수 있으며, 경계 세우기가 훈련으로 전락하면 오직 혼나지 않거나 칭찬받기 위해 수업 시간에 어떤 행동을 해야 하는지를 익히는 정도로 끝나게 될 것이다. 이렇게 되면 경계 세우기는 배움의 의미와 가치를 내면화하는 과정이 아니라 자칫 수업을 엄격하고 경직된 분위기로 몰아가는 결과를 낳게 된다.

수업에서 긍정적인 관계를 형성한다는 것은 다른 말로 하면 '학습을 지지하는 분위기'를 만드는 것이다. 즉, 수업에서 학생이 모르는 것을 자유롭게 이야기할 수 있고, 그것이 수용되고 존중받는 분위기를 조성하는 것이다. 교사와 학생의 관계에서뿐만 아니라 학생과 학생의 관계에서도 이것이 가능한 분위기가 이루어짐으로써 친구들끼리 모르는 것을 물어보거나 도움을 주고받는 것이 자연스러워야 한다.

② '하지 말아야 하는 것'보다 '해야 하는 것'을 우선시해야

경계 세우기라고 하면 흔히 수업을 방해하는 행동(떠들기, 자리 이탈, 휴대폰 사용 등)을 '하지 않아야 하는 것'이란 생각을 하기 쉽다. 물론 이것도 맞는 말이다. 하지만 더 중요한 것은 수업을 위해 무엇을 '해야 하는지'에 초점을 두는 일이다. '모르는 것이 있으면 적극적으로 손들고 질문하기', '필요한 경우 자신의 의견 이야기하기', '모둠 활동에서 자신의 역할 감당하기', '친구들 이야기에 주의 깊게 경청하기'가 여기에 해당한다. 이를 수업 전과 수업 중으로 구분해서 살펴보면 다음과 같은 항목을 들 수 있다.

* 수업 전
– 수업을 위해 필요한 준비물(교과서, 공책, 활동지 등)을 갖춘다.
– 수업 시간에 갖고 있지 말아야 할 물품(휴대폰, 만화책 등)은 넣어둔다.
– 수업 시작종이 울리면 자리에 앉는다.
– 선생님이 수업을 시작한다는 신호를 보내면 경청할 준비를 한다.

* 수업 중
– 모르는 것이 있을 때에는 손을 들고 질문한다.
– 친구들과 상호작용하는 방법(모르는 것은 먼저 짝과 의논한다. 다른 친구가 말할 때는 경청한다)을 안다.
– 발표하고 싶은 게 있거나 의견을 말하고 싶을 때에는 손을 든다.
– 다른 친구들이 발표하거나 의견을 이야기할 때에는 주의를 기울여 경청한다.
– 모둠 활동에서 맡은 역할을 감당한다.

물론 이외에도 각 수업에 따라 '해야 하는 것'들이 따로 있을 수 있다. 어떤 경우든 '하지 않아야 하는 것'보다 '해야 하는 것'을 먼저 강조하는 것이 여러 가지 측면에서 바람직하다. 학생들에게서 '하지 않아야 하는 것'을 강조할 때보다 훨씬 적극적이고 긍정적인 에너지를 끌어낼 수 있으며, '해야 하는 것'과 '하지 않아야 하는 것'을 구분하는 기준을 알게 해주고, 금지하는 것을 강조할 때 생기는 시시비비를 사전에 줄일 수 있기 때문이다. 가령 '친구들의 의견을 경청'하면서 '수업 시간에 떠드는 것'은 불가능하니까, '해야 하는 것'과 '하지 않아야 하는 것'을 동시에 할 수 없다는 측면에서 결과적으로 야단칠 일을 줄일 수 있다.

③ 경계 세우기에 필요한 3가지 원리

경계 세우기를 위해 필요한 원리가 무엇인지 살펴보자. 여러 원리가 있겠지만, 그중에서도 가장 필요한 것으로 다음 세 가지를 꼽을 수 있다.

첫째, 경계 세우기를 제대로 하기 위해서는 '해야 하는 것' 또는 '하지 않아야 하는 것'과 관련한 규칙이, 학생들이 이견을 갖지 않아도 될 만큼 충분히 구체적이어야 한다는 것이다. 만일 이견이 생긴다면 규칙의 의미나 적용 범위를 토론하는 방법으로 다시 명확히 할 필요가 있다. '수업 시간에 뒤돌아보지 않기'라는 규칙을 선생님은 매우 필요하고 구체적이라 생각해서 만들었는데, 이를 적용하는 과정에서 '옆 친구와 이야기하는 것'도 포함된다고 생각하는 학생들과, 말 그대로 완전히 뒤를 돌아보아야 이 규칙을 어긴 것으로 해석하는 학생들 사이에 이견이 생길 수 있다. '뒤돌아본다'는 단어의 의미를 학생들이 임의로 해석해서 생기는 일인데, 이럴 때에는 토론을 통해서 그 범위나 의미를 다시 구체적으로 규정하거나, 혼동할 가능성이 없는 말로 새로 규정할 필요가 있다.

둘째, 일관성 있게 적용해야 한다. 사람에 따라서, 상황에 따라서 다르게 적용하는 규칙은 학생들이 반감을 가지게 된다. 가령 '아침자습시간에는 핸드폰을 제출해야 한다'는 규칙이 있는데, 종종 학생들 중에 사유를 대고 허락을 받아서 그대로 소지하는 경우가 있다. 구체적으로 무엇이 핸드폰 소지 사유에 해당하는지는 학생들도 선생님도 모르고, 그저 그때그때 들어보고 결정하는 식이다. 이렇게 하면 선생님의 의도와 달리 '차별'로 받아들이는 학생이 생길 수 있다. 속으로만 불만을 갖는 경우도 있겠지만 처음부터 핸드폰을 소지하게 해 달라고 요구하거나 몰래 숨기고 있다가 나중에 들켜서 야단을 맞으면 '다른 애는 되고, 저는 왜 안 돼요?'라고 거세게 항의하며 자신이 받는 '차별'에 적극적으로 불만을 표시할 수도 있다. 어떤 사유든 핸드폰을 소지할 수 없다고 하거나, 필요한 경우에 핸드폰을 소지하도록 하고 싶다면 특정한 사유를 사전에 논의 또는 사후 공지하는 과정을 반드시 거쳐야 한다. 일관성은 학생들이 규칙을 받아들이도록 하는 데 매우 중요한 원리다.

셋째, 규칙의 필요성에 대해 충분히 납득할 수 있어야 한다. 초등학교 저학년 정도의 학생들이라면 교사가 특정한 규칙이 필요하다고만 이야기해도 그것을 잘 지키는 편이다. 이 시기의 학생들은 규칙의 의미나 필요성을 잘 몰라도 선생님이 그래야 한다고 하면 따라야 한다고 생각하기 때문이다. 만일 이 시기의 아이들이 규칙을 지키지 않는다면 주된 이유는 규칙을 잘 몰랐거나 기억하지 못해서다. 그러나 초등학교 고학년이 되고 사춘기에 접어든 학생들은 선생님 말이라고 해서 무조건 따르지는 않는다. 에릭슨이 언급한 대로 이 시기의 학생들은 '자기 정체감 형성'이라는 발달 과제를 안고 있으며, 이 과제를 해내기 위해 일단 어른의 말은 반대하고 보는 경향이 강해서다. 따라서 '학교의 규칙이니까', '학급의 질서 유지를 위해 필요하니까' 하는 이유로 학생들을 납득시키기는 힘들 것이다. 보다 구체적으로, 그 규칙이 없을 때 감수해야 하는 불편이 무엇인지, 지켰을 때 구체적으로 어떤 이익을 얻는지, 토론을 통해서든 의견 제시를 통해서든 납득할 만한 근거를 제시해주어야 한다.

Chapter **4**

수업에서
친밀한 관계
형성하기

1.
수업 관찰하고
고민 나누기

친밀하고 안정적인 관계는 무엇보다 중요한 삶의 기반이다. 이 기반
이 탄탄해야 낯선 세계에 대한 탐험도 가능하고 온갖 삶의 불안정성
도 견딜 수 있게 된다. 이 때문에 상담학이나 교육학 이론들은 생애
초기 부모와 자녀의 친밀 관계가 얼마나 중요한지 끊임없이 강조해왔
다. 유아기를 벗어난 아이들은 수업을 통해 부모 대신 교사와 친밀하
고 안정적인 관계를 맺고, 여기에 의지함으로써 낯선 지식의 세계로
탐험을 떠난다. 교사와 학생의 친밀도는 수업에서 상호작용을 포함
해 효율적인 학습, 학습 동기 유발, 학습 몰입도 등에 많은 영향을 끼
친다. 아이들이 이 관계를 든든하게 느낄수록 어려움에 부딪혀도 극
복하고 다시 학업을 계속할 힘을 얻게 된다. 똑같은 수업을 하더라도
아이들에게 유의미한 교사가 되는가, 그러지 못하는가, 갈리는 대

목이 바로 친밀감이다.

김경호 선생님의 수업 사례

김경호 선생님은 초등학교 4학년 사회 수업을 보여주었다. 수업의 목표는 지방자치단체의 역할을 이해하는 것으로, 도입부는 두 편의 애니메이션으로 시작했다. 애니메이션은 초등학교 학생들에게 매우 인기 있는 장르라서 모두 흥미롭게 이를 지켜보았다. 두 편의 애니메이션이 끝난 후 선생님은 여기 나오는 주인공들이 어떤 불편을 겪었는지 칠판에 적으며, 이들의 어려움을 해결해가는 것이 오늘의 수업 목표인 '지방자치단체의 주요 역할'이라고 정리해주었다.

이어서 학생들에게 평상시에 느낀 불편한 것, 바꾸어주었으면 하는 것이 무엇인지를 생각나는 대로 적고, 모둠별로 이 내용을 가정, 학교, 기타 영역으로 구분하는 활동을 하도록 했다. 끝으로 선생님은 이렇게 구분한 여러 불편 사항들을 살펴보면서 해결이 가능한 것인지, 해결한다면 어떤 방법으로 할 수 있는 것인지 설명하는 것으로 수업을 마무리했다.

김경호 선생님의 수업은 지방자치단체의 역할을 그냥 무작정 듣고 외우는 것이 아니라, 그 핵심인 '어려움을 해결해가는 것'이 무엇인지를 활동을 통해 경험적으로 이해하도록 하는 것이 목표였다. 그러나 초등학교 4학년 학생들에게는 '어려움을 해결해가는 것'과 '개인적인 소원을 이야기하는 것'을 구별하기가 어려웠는지, 선생님의 의도와는 다른 이야기를 하는 학생이 상당수 있었다. 그러면서도 이를 자꾸 선생님에게 확인받으려 했는데, 선생님은 여기에 대해 선생님의 표현을 빌리자면 '친절하지 않은 대답'으로 응수했다.

수업 고민

김경호 선생님의 고민은 수업을 공개한 후에 새롭게 시작되었다. 수업을 영상으로 다시 보면서 선생님 자신의 모습이 평상시 생각보다 학생들과 더 거리가 있는 것 같고, 무엇보다 자신이 학생들의 질문이나 요청에 소극적이라는 느낌이 들었다고 한다.

"씁쓸하지만 좀 노력해야겠다 싶었던 것은 아이들과 관계가 끈끈하거나 긴밀해 보이지 않았다는 거예요. 정말 자신과 관계가 있는 사람이라고 생각하면, 그러니까 소중한 사람이라고 생각하면, 말할 때 집중해서 들으려고 할 거 아니겠어요?"

선생님이 학생들과의 관계에 대한 고민을 시작한 것은 관계가 수업에 미치는 영향력의 중요성을 알기 때문이다. 만일 관계와 관련한 어려움이 있는데 이를 간과한 채 수업을 계속한다면 수업에 대한 다른 노력은 '밑 빠진 독에 물 붓기'가 될 수 있다. 이제 선생님은 그동안 다소 무심하게 지나쳤던 학생들과의 관계를 본격적으로 고민하기 시작했다.

"문득 학기 초에 비해 아이들이 개인적으로 찾아와서 말을 거는 횟수나 질문의 밀도가 낮아졌다는 느낌은 받았어요. 물론 단순히 확인 질문을 하거나 허락을 받기 위해서 말을 거는 일은 여전한데, 정말 자기 삶을 나누는 이야기들은 별로 하지 않는 것 같았어요."

그러고 보면 그동안 왠지 학생들과의 사이에 거리감이 생기고 있다는 것을 막연하게나마 알고 있었던 셈이다. 다만 이 문제를 미처 수업에 대한 고민으로 떠올리며 진지하게 생각해볼 기회가 없었을 뿐이다. 이제 본격적인 수업 고민의 주제로 떠올리면서 이런 결과, 즉 학생들과 거리감이 생긴 것이 학생들만의 문제가 아니라 선생님의 마음에도 원인이 있었다는 사실을 발견하게 되었다. 그것은 '귀찮음'이었다.

"어디서부터 시작된 건지는 잘 모르겠는데, 귀찮아하는 성격 때문에 잘 안 된 것 같아요. 업무가 하나 없어지면 계속 다른 업무가 들어와서 자꾸 저를 힘들게 하니까요. 아무래도 제가 아이들 이야기를 잘 들어주면 더 많이 다가올 텐데, 그러기에는 저의 한계를 잘 알아서⋯. 나중에 귀찮아지지 않을까 해서 제 마음을 열거나 시간을 내는 데 제약을 둔 게 아닐까 싶어요."

　귀찮음은 경우에 따라서 불편함, 긴장감, 분노로 변할 수 있다. 중요한 것은 학생과의 친밀한 관계를 가로막는 요소가 자신에게도 있을 수 있겠다는 생각을 해본다는 것 그리고 그것이 무엇인지 적극적으로 알아차리기 위해 노력한다는 것이다. 현실적으로 관계 형성이나 개선과 관련해서 학생의 영향이나 역할을 무시할 수 없지만, 그럼에도 학생과의 관계에서 교사에게 주도권이 더 많다는 점을 고려한다면 교사가 자신의 관계에 미치는 영향이 무엇인가를 발견하고, 이를 적극적으로 극복하려는 노력을 한다는 것은 매우 고무적인 일이 아닐 수 없다.

　물론 교사가 학생들과의 친밀한 관계를 가로막는 요소를 스스로에게서 발견했다고 해서 이를 바로 없애거나 문제를 당장 해결할 수 있는 것은 아니다. 그동안 귀찮은 마음 때문에 학생들에게 친밀하게 다가가지 못한 것이니, 이제 그런 마음을 먹지 말자고 결심한다고 해서 손쉽게 해결될 문제는 아니니까 말이다. 그렇게 간단한 문제라면 애초에 장벽이 되지도 않았을 것이다. 그러므로 어떻게든 넘어서야 한다고 스스로를 밀어붙이기 전에 이런 장벽이 왜 생겼으며, 그 성분은 무엇인지, 어떤 기능을 하는지를 자세히 탐색해야 한다. 벽을 넘어서는 일은 그다음에 시도해도 늦지 않을 것이다.

　김경호 선생님이 해결해야 할 수업 고민을 정리해보면 다음과 같다.

"학생들과의 사이에 왠지 모를 거리감을 느끼는데, 어떻게 해야 할까?"

"학생들과 더 가까운 관계를 만들려면 어떻게 해야 할까?"

2.
수업 고민의
배경 탐색 및 목표 설정

관계 세우기를 위한 알아차림 과정

관계 세우기에 필요한 일반적인 원리들은 이 장의 맨 뒤에 제시하였다. 이와 같은 일반적인 방법들은 대부분 잘 알려져 있는 것들이어서 마음만 먹으면 얼마든지 실천이 가능하다. 문제는 바로 마음이다. 이런 방법들을 아는가 모르는가와 상관없이 학생들에게 다가가는 것을 막는 마음속 방해 요소들이 수없이 존재하고 있기 때문이다. 관계보다 더 중요한 것, 관계 속에서 받은 상처, 학생들에게 다가가지 못하게 하는 마음속 방해 요소는 바깥에 있는 것보다 훨씬 영향력이 크다. 수업 사례의 김경호 선생님도 다른 무엇보다 선생님 마음속에 있던 귀찮음이 관계에 방해 요소가 되었다. 방해 요소를 극복하고 학생들에게 보다 적극적으로 다가가는 방법을 살펴보도록 하자.

■ 관계를 막는 방해 요소 알아차림

학생들과의 친밀한 관계를 막는 방해 요소를 없애려면 먼저 그것을 구체적으로 이해해야 한다. 특히 수업 맥락에서 어떻게 그 영향력을 발휘하고 있는지 알아야 한다. 다음은 김경호 선생님의 수업 장면들이다.

수업 장면 ①

선생님 : 라바가 어려움을 겪듯이, 여러분도 불편함이나 어려움을 느낄 때가 있죠? 집에서 겪는 것도 있고 학교에서 겪는 것도 있고, 또는 다른 공간에서 겪는 어려움도 있을 거예요. 그것을 우리가 같이 해결하면서 이 단원 공부를 진행할 거예요. 알겠어요?

학생 : 진짜요? 진짜요?

선생님 : 네. 그렇다고 여러분이 생각하기에도 황당무계한 것들은 쓰지 말고, 될 듯, 안 될 듯 잘 모르겠는데 좀 필요하다 싶은 것을 쓰도록 하세요.

학생 : 선생님?

선생님 : 네?

학생 : 선생님을 바꿔달라고 하면 안 되나요?

선생님 : 선생님 바꿔달라고? 네, 쓰세요.

학생 : 앗싸!

수업 장면 ②

학생 : 선생님.

선생님 : 네?

학생 : 불편한 거나 필요한 게 아무것도 없어요.

선생님 : 얘들아, 뭘 하고 싶어요, 뭘 하게 해주세요, 이런 것은 눈에 보이는 걸까, 보이지 않는 걸까?

학생 : 보이는 거.

학생 : 안 보이는 거.

선생님 : 뭘 하게 해주세요, 뭘 안 하게 해주세요, 이건 눈에 보이는 걸까, 안 보이는 걸까?

학생 : 안 보이는 거.

선생님 : 눈에 안 보이는 거죠? 그러니까 눈에 보이지 않는 부분으로 넣어주세요. 그렇지….

두 개의 수업 장면 가운데 ①은 학생들과 이야기를 할 때 귀찮음을 많이 느낀 상황이었고, ②는 그렇지 않은 상황이었다. 이 두 장면을 다시 보여주자, 김경호 선생님은 자신이 언급했던 귀찮음이 영향을 미치는 순간과 그렇지 않은 순간 학생들과의 관계가 어떻게 달라지는지 눈으로 확인할 수 있었다.

"이 장면(①)에서 말할 때 어떤 감정이었는지 생각나네요. 참 귀찮고 불만 있다는 말투고, 또 저기서(②)는 아이들에게서 내가 생각하는 반응이 나오니까 말투가 부드러워지네요. '뭐 이런 것까지 다 물어보는 거야?'라는 생각이 드는 질문을 하면 제 말투가 퉁명스러워지고, 제가 원하는 질문을 해주면 즐거워서 말투가 바뀌더라고요."

선생님이 처음 관계 형성을 하고 싶지 않아 하며 귀찮아하는 마음을 언급할 때는, 그것이 마치 고정된 상태로 존재하면서 관계를 가로막는 것처럼 들렸다. 게슈탈트 심리 치료자인 욘테프 박사는 이렇게 '고정된 심리적 성향이나 특성인 것처럼 기술하는 마음'을 변화시키기는 매우 어렵다고 했다. 아무리 바람직하지 못한 것이라 해도 이미 자신의 일부로 밀착해 있기 때문이다. 그러나 수업이라는 맥락 속에서, 또 학생들과의 관계 속에서 그 마음이 어떻게 표현되고 영향을 주는지 관찰하고 나면, 그것은 이제 고정된 성향이라기보다 선생님이 학생들과 관계 맺는 방식, 혹은 상호작용 방식으로 변화 가능한 일련의 흐름으로 다가오게 된다.

- ■ 수업 고민을 내면의 역동 안에서 알아차리기 :
  상황-생각-감정-행동
  김경호 선생님은 처음에는 고정된 성향이라고 느꼈던 귀찮음이 수업에서 어떻게 나타나는지를 살펴보면서 그것을 차츰 변화 가능한 일련의 과정으로 알아가는 체험을 했다. 뿐만 아니라 학생과의 관계에 귀찮음과 전혀 다른 감정이 존재한다는 것도 알아차렸다.

관계와 관련해서 부정적인 감정만 존재하는 것이 아니라 긍정적인 감정이 존재하고 있다는 것을 아는 것은 무척 반가운 일이다. 수업 시간 내내 부정적인 감정을 한 번도 느끼지 않는다면 정말 좋은 일이겠지만, 그것은 너무 비현실적인 기대다. 부정적인 감정이 나타나는 상호작용을 줄이고, 긍정적인 마음이 나타나는 상호작용을 늘리는 것이 현실적인 목표라고 할 수 있다. 이런 측면에서도 수업에서 귀찮은 감정이 나타났던 장면과 그렇지 않았던 장면을 비교한다면 문제 해결의 실마리를 찾을 수 있을 것이다. 이제 조금 더 구체적으로 두 수업 장면을 비교해보자.

처음에 김경호 선생님은 '학생의 질문 : 귀찮음 또는 반응 안 함'이라는 식으로 정리함으로써 자신의 마음을 제대로 알지 못했다. 그러나 실제 수업 장면을 다시 관찰하면서 두 장면의 수업에 각기 다른 마음의 흐름이 있다는 것을 알아차리게 되었다.

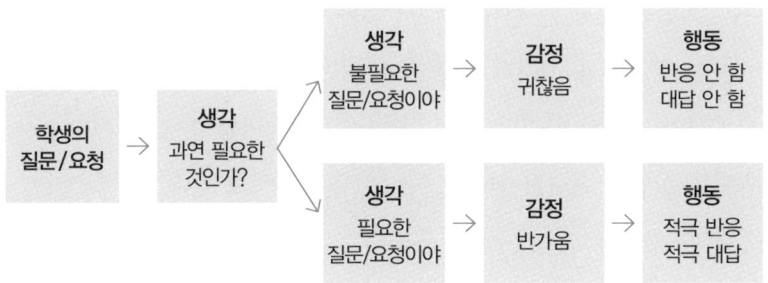

두 과정을 비교해보면 학생의 질문이나 요청에 대해 '과연 필요한 것인가'라는 생각을 하는데, 그 결과 불필요한 것이라 판단했을 때에는 귀찮은 감정이 생겨서 대답하지 않았지만, 반대로 필요한 것이라는 판단을 하면 반가운 감정이 들어서 적극적으로 질문에 답을 해주었다. 그렇다면 학생들의 질문이나 요청에 대한 선생님의 반응 사이에는 '이것이 과연 필요한 것인가?' 하는 판단 과정이 있었다는 것을 알아차릴 수 있다.

이와 같이 각기 다른 수업 장면에서 심리적 과정의 흐름이 어떻게 달랐는지, 어느 순간 달라진 것인지를 알아차리는 작업은 무심코 해왔던 습관적 과정을 벗어나 새로운 선택을 하게 하는 데 매우 유용하다. 특히 학생의 질문이나 요청을 어떤 기준에 의해서든 자신이 판단하고, 그에 따라 각기 다른 반응을 한다는 것을 알게 됨으로써 이전과는 달리 이 과정을 습관적으로 넘기지 못할 것이다. 혹시 학생이 질문할 때 무심코 넘긴 경우라도 '내가 이때 학생의 질문을 불필요한 것이라고 판단해서 반응하지 않았구나. 그렇다면 그 판단은 과연 맞는 것이었을까?'라는 생각을 다시 해볼 수 있다.

자신의 감정과 생각이 행동에 미치는 과정을 알아차리지 못하면 습관적인 반응만 하지만, 알아차리면 다시 선택할 수 있게 된다는 게 슈탈트 상담의 핵심적 원리가 여기서도 작용하고 있다.

3.
수업 고민의
해결 방법 모색

관계를 가로막는 감정 덩어리 녹이기 :
삶의 역사가 녹아 있는 감정 알아차리기

앞에서 학생들과의 관계를 개선하고 싶은데 그것을 막는 감정 덩어리가 있을 때, 그 작동 과정을 제대로 알아차리는 것이 관계를 자연스럽게 만드는 방법이라는 것을 살펴보았다. 그런데 그럼에도 감정이 잘 해결되지 않는다면 어떻게 해야 할까? 부정적인 감정일수록 더 빨리 없애고 싶을 텐데, 삶의 역사가 녹아 있는 해묵은 감정이라서 좀처럼 쉽지 않다면 말이다.

예를 들어 어릴 때부터 어머니가 자주 예상치 못한 상황에서 폭발적으로 화를 낸 경험이 있어서 어른이 된 지금도 대인관계에서 뭔가 긴장감을 느끼고, 특히 상대방의 생각을 잘 알 수 없을 때 불현듯 화를 낼 것 같은 불안감이나 두려움을 경험하는 사람이 있다면, '이제 불안해하지 말자'거나 '두려워하지 말자'는 말로 쉽게 그 감정을 바꿀 수는 없다. 이런 감정이 현재까지 영향력을 미치고 있는 데에는 그만큼 오랜 역사가 있고, 또 이런 감정이 필요한 이유가 있을 것이기 때문이다.

지금 든 예에서 불안감이나 두려움은 실제로 일어날지 모르는 일, 즉 어머니가 정말 화를 내는 상황이 오리라는 것을 미리 예측하고, 이에 대한 대비책을 세우는 데 반드시 필요한 감정이었을 것이다. 지금은 전혀 그럴 필요가 없어졌지만, 이런 감정들은 터줏대감처럼 자리를 차지하고 앉아서 나가려 하지 않는 법이다. 사람은 어쩔 수 없이 매이고 싶지 않은 감정에 매이게 될 수밖에 없는 나약한 존재이기도 하다.

김경호 선생님의 경우에도 귀찮음이라는 감정에 선생님 삶의 역사가 녹아 있었다. 선생님의 어린 시절에는 어른들이 뭔가를 다 해주거나 결정해주는 경험이 많았는데, 그것이 선생님에게 꼭 좋지만은 않았던 것이다. 이 과정에서 스스로 뭔가를 해보는 것은 꼭 필요한 일이라는 생각을 하게 되었다는데, 어떤 일이 있었기에 그런 생각을 하게 되었는지 자세히 묻지는 않았다. 적어도 스스로 할 수 있는 일을 다른 사람이 대신 해주는 데 대한 반감이 크다는 것만은 충분히 짐작할 만했다.

수업 교사 : 어릴 때 어머니가 저를 사랑해주신다는 것은 알겠는데, 한편으론 다 결정해놓은 상황이 많았어요. 좀 크니까 그게 싫더라고요.

수업 코치 : 자신이 선택할 수 없는 상황이 싫으셨던가 보네요.

수업 교사 : 실패를 경험해본다는 것이 아주 중요하다는 생각이 들었지요. 저한테도 다른 사람들한테도.

수업 코치 : 다른 사람들한테도?

수업 교사 : 나중에 내 일을 주체적으로 결정하면서 비로소 어른이 돼가는 느낌을 받았거든요

수업 코치 : 귀찮다는 감정 이면에는 다 해주는 것보다 스스로 해보는 것이 중요하다는 생각이 있었던 거네요.

수업 교사 : 그랬던가 봅니다.

이 대화에서 짐작할 수 있듯이 선생님의 인생사에서 귀찮음은 분명 존재 이유가 있었다. 자꾸 뭔가를 해주는 어른들에 대해 자신의 '자율성'을 지키는 역할을 했던 것이다. 그리고 그것이 너무 오랫동안 지속되는 바람에 왜 자신이 이렇게 자율을 중요하게 생각하며, 그것을 방해받는다고 여길 때 귀찮은 마음이 드는지조차 알아차리지 못하고 살았다. 또 그것을 알아차리지 못했기에 무의식중에 학생들에게도 똑같이 적용하고 있었던 셈이다. 자신이 그토록 지키고 싶었던 자율성을 학생들에게도 지켜주고 싶고, 보장해주고 싶은 마음이 그대

로 표현된 것이다.

　　수업 코치 : 그러면 선생님께서는 아이들이 자발적으로 시도해보고, 실패도 좀 해보는 과정 자체를 중요하게 생각하셨던 거네요.

　　수업 교사 : 그렇죠. 직접 어른들을 만나 말씀드리면서 부딪혀도 보고, 버벅거리기도 하고…. 과학 시간에 아이들이 관찰하고 그러면 신이 나더라고요. 스스로 해보는 것이 참 중요한 것 같아요. 늘 그렇게 했으면 좋겠고.

　　이제 수업 장면에서도 귀찮음이라는 감정의 존재 이유가 더 분명해졌다. 그것은 학생들의 자율성을 지켜주기 위한 것이기에 그냥 제거해서는 안 되는 감정이었다. 적어도 선생님에게는 그랬다. 따라서 귀찮음이 없어졌으면 한다면, 먼저 그 존재 이유였던 자율성을 지켜줄 대안을 마련해주지 않으면 안 된다는 것을 알게 되었다. 귀찮음의 문제는 결국 자율성의 문제였던 셈이다.

　　이제 선생님의 고민을 '학생들이 질문하고 선생님에게 도움을 요청할 때 학생들의 자율성을 해치지 않고, 올바른 성장으로 나아가는 길을 막지 않으면서 적절히 반응할 수 있는 방법은 무엇일까?'로 다시 정의해볼 수 있다. 삶의 의미 속에 오랫동안 자리잡아온 감정일수록 이렇게 그 존재 이유를 깊이 품고 있는 경우가 많다. 감정으로부터 자유로워지고자 한다면 아무런 대책 없이 그 감정을 없애거나 부정하려 하기보다 먼저 감정의 존재 이유를 충분히 탐색하고 알아봐주는 과정이 필요하다.

자신의 감정을 상대화해야 학생이 잘 보인다

자신의 감정을 삶의 맥락 속에서 깊이 이해하면 그것이 모든 사람에게 똑같이 존재하는 감정이 아니라는 것을 알게 된다. 적어도 같은 의미로 존재하는 것은 아니라는 사실을 분명히 알게 된다. 즉, 자신의 감정을 삶의 경험 속에서 충분히 이해하고 나면 그것을 상대화시킬 수 있게 되는 것이다. 자신을 깊이 이해함으로써 자신과 다른 사람의 차이가 분명해지고, 다른 감정이나 생각을 가진 사람들을 오히려 더 잘 이해하게 되는 경험이 김경호 선생님에게서도 일어났다.

"이렇게 이야기하다 보니까 제 자신이 전부는 아니겠지만 좀 이해되는 것 같기도 하네요. 혼자서 직접 해보는 것이 중요하다는 생각을 가지고 있어서 그걸 아이들한테도 강요하는 측면이 있지 않았나 싶어요."

자신의 감정을 상대화할 수 있게 되면 학생들이 더 잘 보이고, 이전에는 갖지 못했던 마음의 여유가 생기면서 다음과 같은 현실적인 해결 방안도 찾을 수 있게 된다.

"제가 아이들에게 쿠션이 돼주어야겠다는 생각이 들었어요. 실패해도 해보라고 용기를 주되 무조건 밀어붙이지는 말고, 중간 단계를 만들어서 시행착오를 겪을 때 충격을 완화할 수 있도록 말이죠."

김경호 선생님이 학생들에게 한 발 더 다가가고 있다는 느낌이 들었다.

다시 상처받을지 모른다는 두려움과 마주하기

아무리 교사라 해도 학생들로부터 상처받았다고 느낄 때 관계에서 한 발 물러서는 것은 당연하다. 교사가 학생과의 관계에서 거리를 두고 물러나 있는 것은 보통 이런 경험이 누적된 경우일 때가 많다. 그러면 점차 학생과 거리를 유지하는 일에 익숙해지고, 충돌이나 갈등은 줄어들지 몰라도 함께 기뻐하고 슬퍼하고 감동하는 생생한 관계도 같이 줄어들게 된다. 거리를 유지할 것인가, 아니면 다시 다가갈 것인가? 상처받은 경험이 누적되어 있다면 참 쉽지 않은 결정이다.

그리고 애써 마음먹고 다가갔다고 해도 넘어야 할 벽이 또 있다. 그것은 바로 다시 상처받을 것에 대한 두려움이다. '자라 보고 놀란 가슴 솥뚜껑 보고 놀란다'는 속담이 있는 것처럼, 이전에 상처가 되었던 학생들의 말과 행동이 연상되는 순간 다시 두려움에 휩싸일 수 있다.

다시 다가갈 생각을 한다는 것은 더는 상처받을 것이 두려워서 피하지 않겠다는 결심을 의미하기도 한다. 상처받을 수 있다는 것을 알지만 그래도 다시 시작해보겠다고 마음먹은 것이다. 사람과 사람 사이의 거리는 가늠하기가 참 어렵다. 가까운 듯 보여도 막상 다가가려면 꽤 멀고, 반대로 한없이 멀게 보여도 조금만 다가가면 쉽사리 징검다리가 놓이기도 한다. 징검다리는 선생님이 학생들에게 적극적으로 마음을 알리면 더 빨리 놓일 것이다. 상처받기 이전에 다가가려 했던 마음, 즉 "얘들아, 너희에게 다가가고 싶구나. 얘들아, 내가 너희에게 관심이 있어"라고 말하는 그 마음이다.

4.
경험 정리와
이후 과제

　교사와 학생의 친밀한 관계는 학습 과정을 가능하게 하는 가장 중요한 기반이다. 그 중요성은 새삼 강조할 필요도 없을 만큼 자명하다. 그러나 실제 이를 지키고 유지시켜 나가기는 그리 쉬운 일이 아니다. 관계보다 다른 목표나 가치가 더 우위를 차지하기도 하고, 여러 경험과 상처들이 관계를 세우지 못하도록 방해하기도 한다. 그러나 방해하는 그 마음을 이해하는 데에서 문제 해결의 실마리를 찾을 수 있다. 특히 수업의 맥락에서, 삶의 역사라는 맥락에서 각기 존재할 수밖에 없었던 이유에 대한 충분한 이해와 수용 과정을 거치는 것이 도움이 될 것이다. 교사로서 나를 이해하고 수용하는 데에서 학생에 대한 진정한 이해와 수용도 시작된다는 것을 알게 되었기 때문이다. 김경호 선생님은 이렇게 말했다.

"참 중요한 걸 깨달았네요. 자율성에 대한 생각이 내 인생에서 정말 중요한 부분이었다는 것을 알았으니까요. 그것을 살리는 방법을 한꺼번에 찾기는 어렵겠지만, 주어진 상황 안에서 중간 단계의 여러 방법들을 찾아야겠다는 생각이 들었어요."

 친밀한 관계 형성을 위한 일반적인 원리

관계보다 우선순위에 있는 것 알아차리기

수업에서 친밀한 관계에 적신호가 켜지는 것은 관계를 중요하게 생각하지 않아서가 아니라 그보다 우선순위에 두는 것이 생겼기 때문이다. 수업에서 관계보다 우선순위에 놓이는 것 가운데 하나는 '경계' 혹은 '규칙'이다. 수업 시간에 조용히 시키는 것, 집중하게 하는 것, 정해진 순서에 따라 발표하게 하는 것 등 규칙은 매우 중요하다. 하지만 이들이 관계보다 앞선다면 수업은 이내 삭막해질 것이다. 학급의 성적도 자주 관계보다 우위에 있는 가치로 다루어지곤 하는데, 그 자체로는 충분히 중요하더라도 그것이 관계보다 앞설 때 성적의 가치는 퇴색할 수밖에 없다.

수업 코칭을 하면서 만났던 선생님 가운데 어떤 분은 평상시에는 참 다정다감했는데, 수업 시간에는 좀처럼 미소를 보여주지 않았다. 그리고 수업과 관련한 내용 말고 개인적인 이야기는 학생들에게 전혀 하지 않았다. 표정도 시종일관 똑같았다. 그 이유가 궁금해서 물었더니, 학생들을 사랑하고 잘 지내고 싶은 마음은 크지만 혹시라도 느슨해지면 학생들이 산만해져서 수업에 방해가 될지 모른다는 생각이 든다고 답했다. 선생님에게 학생들과의 관계가 소중하지 않은 것은 아니지만 그보다 우위에 있는 가치가 있었던 것이다.

교사와 학생의 친밀한 관계 자체가 특정한 성과를 가져오는 것은 아니라서 중요성을 간과하기 쉽다. 마치 산소처럼 특별히 시간과 노력을 기울이지 않아도 주어지는 것처럼 여기게 된다. 하지만 산소가 있을 때에는 그 필요성을 잘 모르더라도 없어지면 바로 생존에 타격을 받는 것처럼, 관계는 한 번 금이 가면 다시 회복하기 힘들고, 그만큼 학생들과의 관계는 수업과 관련한 모든 활동과 가치의 기반이 된다. 따라서 지금 수업에서 가장 강조하고자 하는 것, 가장 많은 시간과 노력을 기울이는 것이 처음 의도와 달리 학생들을 수업 밖으로 내모는 결과를 가져오고 있지는 않은지 돌아보아야 한다. '지금 모습대로라면 이 수업에 너의 자리는 없다'는 메시지를 전달하고 있지는 않은지 말이다. 두 번째로 소중한 것을 추구하다가 가장 소중한 것을 잃게 될 수도 있다.

관계 세우기를 위한 핵심 전략

① 비음성적 언어를 사용한 관계 세우기 전략

우리는 수업에서 음성 언어 못지않게 수많은 비음성 언어nonverbal message를 사용해서 상호작용을 한다. 몸짓, 표정, 고갯짓, 눈길…. 비음성 언어의 특징은 음성 언어보다 전파력이 빠르다는 것이다. 심지어 교사가 의도하지 않은 것까지 학생들에게 재빨리 전달되기도 한다. 가령 수업 시작부터 끝까지 선생님이 찌푸린 얼굴로 일관했다면 학생들은 선생님이 자신들에게 그다지 좋지 않은 감정을 가지고 있다고 짐작할 수 있다. 실제로 사용하지는 않지만 수업 시간마다 교탁 위에 매가 놓여 있다면, 선생님이 언젠가 매를 휘두를 수 있다고 생각해서 공포심을 가질 수도 있고, 학생이 칠판에 문제를 풀었는데 선생님이 말없이 그것을 지운 다음 처음부터 다시 풀었다면 학생은 자신의 문제 풀이 과정뿐 아니라 존재 자체가 거부당한 느낌을 받을 수도 있다.

수업 시간에 전해지는 수많은 비음성 언어 중에는 학생과의 친밀한 관계 형성을 방해할 수 있는 요소들이 여기저기 도사리고 있다. 따라서 비음성 언어를 그대로 방치해두는 것은 위험한 일이다. 비음성 언어가 학생들에게 어떻게 영향을 미칠 수 있는지를 알아차리고, 선생님이 학생들에게 전하고 싶은 원래의 메시지와 일치할 수 있도록 노력해야 한다. 교실에 들어갈 때에는 아무 표정 없이 들어가기보다 환하게 미소를 짓거나 가까이 있는 학생에게 반갑게 악수를 청하고, 학생이 발표를 할 때에는 시선을 맞추고 고개를 끄덕여주며, 모둠 활동을 하는 동안에는 칠판 앞에만 서 있지 말고 모둠 옆으로 다가가 고개나 허리를 깊이 숙여 활동 내용을 살펴보는 것이 바람직하다.

비음성 언어는 적극적으로 활용한다면 친밀한 관계 세우기를 위한 요긴한 자원이 될 수 있다. 지금까지 활용하지 않고 방치해둔 비음성 언어가 있다면 이제 어떤 것을 어떻게 활용할지 생각해보면 좋을 것이다.

② 음성적 언어를 사용한 관계 세우기 전략

음성 언어는 어떻게 사용하는 것이 관계에 도움이 될까? 관계를 세우는 데 도움이 되면서 가장 직접적인 영향을 줄 수 있는 것은 친밀감을 표시하는 말들이다. '그래, 그거 참 좋구나', '정말 잘했어' 같은 칭찬 언어가 대표적이다. 그밖에도 학생 개개인의 이름을 외워서 불러주는 것, 최근의 근황이나 이전에 발표한 내용, 했던 일, 했던 말 등을 기억하고 있다가 이야기해주는 것도 도움이 된다.

수업 시간에 학생의 학습 과정을 충분히 존중하고 있다는 것을 전달하는 언어를 사용하는 것도 도움이 된다. 예를 들어 현재 배운 내용을 얼마나 이해하고 있는지 확인하는 질문, 그 대답을 듣고 학생의 현재 수준에 맞게 가르치는 내용을 조율하는 것, 학생이 수업 내용을 알아들을 수 있도록 학습 과정을 충분히 안내하는 것 등이 여기에 해당한다.

아울러 교사가 사용하는 언어나 예시가 학생의 언어와 생활을 담고 있다면 더 친근감을 느낄 것이다. 텔레비전 프로그램이나 연예인, 음악과 관련한 이야기를 할 때에는 학생들이 선호하는 것을 고려했을 때와 그렇지 않았을 때 효과 면에서 차이가 크다. 그러려면 학생들과 공유하는 문화가 많아야 한다. EBS 〈선생님이 달라졌어요〉에서 선생님들의 주요 미션에 학생들과 함께 운동하기, 간식 먹기, 산책하기, 게임하기, 찜질방 가기, 등산하기를 제안한 이유도 궁극적으로는 수업 시간에 학생들과 사용하는 언어를 공유함으로써 친밀도를 높이기 위해서였다.

만일 관계 세우기가 필요하다고 느낀다면 앞에서 언급한 방법들 가운데 가장 사용해보고 싶은 것을 골라서 매일 꾸준히 실천해보는 것이 좋다. 물론 어떤 방법을 사용했는가는 중요하지 않다. 신기하게도 학생들은 선생님의 마음을 읽는 능력이 뛰어나서 방법보다는 마음을 보여주는 게 더 중요하다.

혹시 수업에서 학생들과 너무 멀리 있는 것처럼 느낀다면 앞에서 언급한 방법들 가운데 한두 가지를 선택해서 꾸준히 실천해보는 것이 좋다. 얼마나 세련되게 실천하는가는 별로 중요하지 않다. 이렇게 해서 과연 가까워질 수 있을까 하는 걱정도 미리 할 필요가 없다. 아마 방법이 무엇이든 선생님의 마음을 재빨리 알아차리고, 선생님보다 더 성큼성큼 다가오는 학생들을 만나게 될 것이다.

Chapter **5**

· · ·

학생들의
수업 참여를
수업 목표로
연결하기

1.
수업 관찰하고
고민 나누기

　학생들이 수업에 활발하게 참여하고 있다면 어떤 모습일지 상상이 되는가? 아마도 눈은 호기심으로 반짝거리고, 궁금함을 참지 못하고 여기저기서 손이 번쩍번쩍 올라와 선생님은 누구부터 발표를 시킬지 즐거운 고민에 빠질 것이다. 이렇게 학생들이 생생하게 살아 있는 수업, 바로 선생님들이 꿈꾸는 수업이다.

　그러나 현실은 그리 녹록치 않다. 학생들이 수업 내용에 관심을 갖도록 하는 것 자체가 어려운 일이기도 하지만, 관심을 갖고 참여한다고 해서 이를 마냥 놔둘 수만도 없기 때문이다. 이야기가 산으로 갈 수 있으니 적절히 방향을 잡아주어야 하고, 수업 진도와 평가도 염두에 두어야 한다. 그러다 보면 이번에는 반대로 학생들의 참여가 위축되는 것은 아닐까 걱정해야 한다.

다음 수업 사례에 나오는 최주연 선생님도 같은 고민을 하고 있었다.

최주연 선생님의 수업 사례

초등학교 5학년을 맡고 있는 최주연 선생님은 국어 수업, 그 중에서도 '시 바꿔 쓰기'라는 주제로 시 단원의 1차시 수업을 보여주었다. 선생님은 본격적인 수업에 들어가기 전 10분 정도 학생들과 주말에 있었던 일에 대한 이야기를 나누었으며, 이어지는 수업에서는 시 네 편을 함께 감상하고 활동지로 오늘의 수업 목표인 '시 바꿔 쓰기'를 모둠 활동으로 진행했다.

선생님은 먼저 두 편의 시, '낙타'와 '소독차'를 보여주면서 시에 대한 학생들의 의견을 묻고 함께 나누는 것으로 수업을 시작했다. 이 두 편의 시에 대한 이야기가 끝난 다음에는 '우리 엄마는 여군'이라는 시를 소개하고, '엄마는 ( ) 같다'라는 문장을 완성시키도록 했다. 학생들은 자신의 어머니를 떠올리며 괄호 안에 들어갈 말이 무엇인지, 왜 그렇게 생각하는지 발표했다. 마지막으로 '새알 찾기'라는 시를 소개하고 모둠 활동을 통해 이번 시간의 수업 목표인 '시 감상하고 이 중 일부분을 바꾸어보기'를 진행하도록 했다. 앞에서 소개한 시들을 활용하되 시의 등장인물, 주제, 비유한 표현, 장소 등을 바꾸어 써보는 활동이었다.

수업 고민

수업을 마치고 난 최주연 선생님의 수업 고민은 뜻밖에 '학생들이 더 잘 참여하는 수업이 되게 하려면 어떻게 하는 게 좋을까'였다. 이 고민을 뜻밖이라고 한 이유는 선생님의 수업을 관찰하고 나서 이미 학생들이 매우 잘 참여하는 수업이라는 생각을 했기 때문이다. 선생님의 수업에서 학생들은 대부분 자신의 이야기를 잘 개방했으며, 발표하고 싶어 앞다퉈 손을 드는 모습을 보이는 등 매우 적극적이었다. 그래서 다음과 같은 구체적인 이야기를 들은 다음에야 선생님의 고민을 이해할 수 있었다.

"아이들의 삶의 경험과 맞닿아야 더 능동적인 수업이 된다고 생각해서 수업을 구성할 때마다 먼저 이야기로 경험을 끌어내려고 하는 편이에요. 아이들의 생활과 경험이 수업과 맞닿아서 뭔가 하고 싶은 욕구가 생길 수 있도록 했으면 좋겠다는 생각을 하거든요."

선생님은 학생들의 수업 참여가 그냥 '이야기로 끌어낸 삶의 경험'을 표현하는 데 머물지 않고, 한 발 더 나아가 '수업과 맞닿아' 연결될 수 있었으면 하는 강한 바람을 가지고 있었다. 학생들이 활발하게 수업에 참여하고 있는 것은 맞지만, 그 참여가 수업 목표로 반드시 연결되는 것은 아니었기 때문에 갖게 된 고민이었던 것이다. 결국 최주연 선생님의 수업 고민은 다음과 같은 내용으로 정리할 수 있었다.

"학생들이 수업에 활발하게 참여하도록 하면서도 수업 목표에 도달하려면 어떻게 해야 할까?"

"학생들의 자발성을 존중하면서도 수업의 방향성을 잃지 않으려면 어떻게 해야 할까?"

2.
수업 고민의 배경 탐색 및
목표 설정

이제 우리의 가장 중요한 목표는 학생들의 '수업 참여'가 활발하게 이루어지도록 하면서도 이 과정이 '수업 목표'의 성취로 연결될 수 있도록 하는 것이다. 그러나 그 전에 먼저 할 일이 있었다. 그것은 최주연 선생님이 수업에서 학생들의 활발한 참여를 이끌어내기 위해 어떤 방법을 사용했는가 하는 것을 확인하는 것이다. 물론 최주연 선생님의 수업 고민은 여기서 한발 더 나아가는 것이지만, 학생들이 활발하게 수업에 참여하도록 하는 것만 해도 결코 쉬운 일은 아니기 때문이다.

학생들의 활발한 수업 참여가 가능하도록 한 상호작용 방법

■ 간단한 질문으로 수업 참여에 대한 준비운동 시키기

어떤 수업이든 초반부터 학생들이 적극적인 참여를 보이는 경우는 드물다. 수업 초반에는 학생들이 선생님의 의도를 미처 파악하지 못해서 대답하는 것 자체를 주저하기 때문이다. 본격적인 운동을 하기 전에 준비운동이 필요하듯 수업에서도 마찬가지다.

준비운동의 핵심은 학생들에게 수업 참여가 어렵지 않다는 점을 인식시키는 것이다. 이를 위해서는 어려운 질문보다 쉬운 질문을, 깊은 수준의 자기 개방을 요구하기보다 단순한 사실이나 의견을 묻는 것이 바람직하다. 또 질문에 대해 조금이라도 반응을 보이면 그것이 얼마나 정확한 답변인가를 떠나서 참여했다는 것 자체에 적극적인 격려를 해주어야 한다. 최주연 선생님의 수업 도입부에는 이런 모습이 다음과 같이 잘 나타났다.

선생님 : 선생님이 아침에 와서 시 두 편을 골랐는데, 뒤에 보이죠? 자, '낙타'를 지영이가 한번 읽어볼까요?

학생 : 낙타. 낙타의 등은 두 개의 산봉우리 / 낙타는 거대한 산봉우리를 이고 다닌다. / 낙타는 사막의 커다란 배 / 사람도 물건도 태우고 다닌다.

선생님 : 여기서는 무얼 가지고 시를 썼어요?

학생 : 낙타요.

선생님 : 그런데 이 시를 쓴 사람은 낙타를 실제로 보았을까요?

학생 : 아니요.

선생님 : 아닌 거 같아요? 왜 아니라고 생각했어요?

학생 : 낙타는 사막에 있으니까요.

수업 도입부에서 최주연 선생님은 주로 사실을 묻거나 자신의 의견을 '예, 아니오'로 간단하게 말할 수 있는 질문을 했다. 이런 형태의 질문에는 누구나 쉽게 대답할 수 있으므로 대부분의 학생에게 편안하게 자신의 이야기를 할 수 있는 분위기를 만들어주는 데 도움이 된다. 실제로 최주연 선생님의 수업에서도 그런 분위기가 형성되었다.

■ 정서에 대한 질문으로 바꾸기

그러나 학생들이 보다 심도 깊은 자기 이야기를 할 수 있게 하려면 계속 사실이나 간단한 의견을 묻는 형태의 질문에 머물러서는 안 될 것이다. 수업의 분위기를 보아가며 점차 질문의 형태에 변화를 주어야 한다. 최주연 선생님의 수업에서도 질문의 형태가 바뀌었다.

학생 : 이 시에서는 소독차를 따라다니면서 냄새를 맡았다고 하니까 진짜 소독차를 보면서 따라갔을 것 같아요.

선생님 : 음, 냄새를 맡았다고 하니까 그렇겠네요. 직접 봐야 냄새를

맡을 수 있을 테니까 말이죠. 그런데 여러분은 두 편의 시 가운데 어떤 시가 더 마음에 와닿아요?

학생 : 소독차요.

선생님 : 왜 그렇게 생각했는지 말해줄 수 있어요?

학생 : 자기 경험을 시로 쓴 것 같아서요.

선생님 : 아, 이 친구의 경험이 느껴지나요?

학생 : 네, 저도 소독차를 따라다니면서 지독한 냄새를 맡은 적이 있거든요.

이 대화에서 선생님의 질문은 '사실에 대한 질문'에서 '정서에 대한 질문'으로 바뀌고 있다. "어떤 시가 더 마음에 와닿아요?"라는 질문은 더 이상 사실에 대해서 묻는 질문이 아니다. 학생들은 선생님이 자신들의 시를 어떻게 느끼는지, 즉 정서에 관심이 있다는 것을 전달받았을 것이다. 사실이나 간단한 의견을 묻는 질문이 학생들에게 '수업 시간에 내 이야기를 해도 되는구나'라는 메시지를 전달한다면, 감정을 묻는 질문은 '내가 느끼는 것이 무엇인지 이야기하는 것이 중요하구나'라는 메시지를 전달한다. '우리 지금부터 느낌에 대해서도 본격적으로 이야기해보지 않을래?' 하는 초대를 하는 셈이다.

만일 이런 질문을 수업 도입부에 했다면 학생들로부터 적극적인 호응을 얻지 못했을 수도 있다. 학생들의 참여를 촉진하기 위해서는 선생님이 어떤 초대를 하고 있는지 이해하고 그 초대에 응할 준비 시간을 주어야 할 것이다.

■ 자기 개방으로 마음의 문 열기

최주연 선생님이 학생들의 활발한 참여를 위해 마지막으로 사용한 비장의 무기는 다름 아닌 선생님의 '자기 개방'이었다. 많은 연구 보고서에 따르면 경력이 많거나 학생들과 상호작용을 잘하는 교사는 교과와 관련해 적절한 자기 개방을 사용한다고 했다. 수업에서 최주연 선생님의 자기 개방은 다음과 같은 형태로 나타났다.

학생 1 : 이 시가 마음에 와닿은 이유는 저도 소독차를 따라다니면서 지독한 냄새를 맡은 적이 여러 번 있기 때문입니다.

선생님 : 아, 도연이도 그런 적이 있구나! 선생님도 사실은 소독차 따라가 본 적이 있는데. 정미도 따라가 봤어요?

학생 2 : 네.

선생님 : 역시 따라가 봤구나. 희수는?

학생 3 : 네, 저도 따라가 봤어요. 그런데 저는 '낙타' 시가 더 재미있어요. 낙타 생김새를 실감나고 재미있게 표현해서요.

선생님 : 아, 희수는 낙타가 더 마음에 와닿았군요.

학생 2 : 저는 소독차가 더 마음에 들어요. 일기 형식이라서 친근감이 드는 것 같아요.

이 대화에서 최주연 선생님은 자신도 어릴 때 소독차를 따라다녀 본 적이 있다는 자기 개방을 하고 있다. 선생님의 자기 경험에 대한 개방은 학생들에게 '나도 더 솔직하게 겪은 일을 이야기해도 괜찮겠다'는 생각을 갖게 해주었을 것이다. 학생들은 선생님의 '나는 ~ 인데, 너는 어때?'라는 메시지를 통해 대화 상대로서 초대받은 것이다.

이제 최주연 선생님이, 학생들이 능동적으로 수업에 참여하도록 기반을 만드는 데 사용한 방법을 정리해보자. 아마 다른 수업에 적용해도 분명 비슷한 효과를 발휘할 수 있을 것이다.

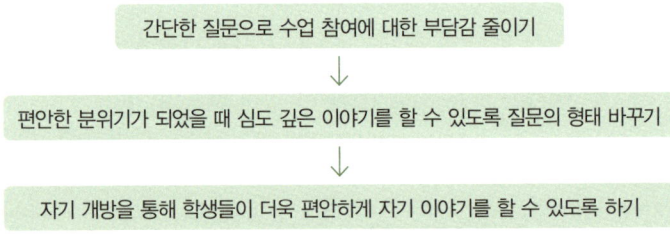

활발한 수업 참여를 넘고 싶은 순간과 마주하기

지금까지 최주연 선생님이, 학생들이 편안하게 수업에 참여할 수 있는 분위기를 어떻게 조성했는지 살펴보았다. 그러나 이것만으로는 '충분치 않다'는 것이 선생님의 수업 고민이었다. 학생들이 활발하게 자신의 이야기를 할 수 있는 여건을 만들기는 했지만, 그것이 수업 목표와 잘 연결되지 않는 지점이 있었기 때문이다. 그때가 언제였는지 보다 구체적으로 살펴보기로 하자.

선생님 : 여러분이 지금 말하지 못한 것까지 다 써서 발표할 시간을 가지려고 하는데, 어떻게 바꿀 수 있을까요? '우리 엄마는 여군'과 '새알 찾기'를 조금 바꿔서 쓰는 거예요. 완전히 새롭게 시를 쓰려면 너무 어렵잖아요.

학생들 : 네.

선생님 : 바꿔서 쓴다면, 무엇을 바꿀 수 있을까요?

학생 : 등장인물이요.

선생님 : 네, 등장인물을 바꾸거나. 또?

학생 : 시간?

선생님 : 시간. 또?

학생 : 등장인물이 하는 일이나 말이요.

선생님 : 그렇죠. 그리고 제목을 바꿀 수도 있을 거예요. 자, '새알 찾기'나 '우리 엄마는 여군' 중에 난 뭐로 바꾸겠다, 정한 사람? 좋아요, 손 내리고.

(중략)

학생 : 선생님, 엄마 대신 아빠로 하면 안 돼요?

선생님 : 등장인물을 바꾸는 거네요.

학생 : 저도 아빠 얘기해도 돼요?

선생님 : 네, 등장인물을 바꿀 수 있잖아요. 자, 막상 하려니까 생각

이 잘 안 나죠? 지금 짝꿍한테 자기가 무엇을 할 건지 조금 얘기해 도 돼요.

이 장면은 선생님이 이번 수업의 목표인 '시 바꾸기'에 대해 본격적 으로 설명하는 지점이다. 그런데 여기서 많은 학생들이 선생님의 설 명을 잘 이해하지 못하는 것으로 보였다. 앞에서 학생들은 분명 활발 하게 수업에 참여했는데, 정작 핵심 과제를 해결해야 하는 시점에 이 르러서 그것이 별로 도움이 되지 않은 것이다. 선생님이 고민한 '삶의 경험과 맞닿는 수업'과 거리가 생겼다고 할 수 있다. 그렇다면 이제 이 고민을 어떻게 해결할 수 있을지 구체적으로 살펴보도록 하자.

3.
수업 고민의
해결 방법 모색

학생들과 활발한 상호작용이 이루어지는 수업 분위기를 형성하는 것은 매우 중요하다. 이후 학습에 대한 동기를 부여하고, 수업에 대한 능동적 참여가 가능하도록 만드는 매우 중요한 자원이기 때문이다. 그렇다면 이 자원이 수업 목표 달성과 연결되도록 하려면 어떻게 해야 할까?

수업의 흐름 연결시키기

수업을 한다고 해서 반드시 학습이 이루어지는 것은 아니지만, 수업을 통해 학습이 이루어지도록 하려면 학습 원리가 잘 반영될수록 효과적이다. 그렇다면 새로운 지식이나 정보를 학습할 때 가급적 그 부담을 최소화하면서 쉽게 학습이 이루어지도록 하려면 어떤 학습 원리가 필요할까? 예를 들어 '시'라는 글의 유형을 새로 배워야 하는 상황이라면 어떤 순서로 관련된 지식을 접하도록 하는 것이 좋을까? 아마 개념보다 사실을, 추상적 원리보다 경험을 먼저 접하도록 하는 것이 도움이 될 것이다.

최주연 선생님은 수업에서 이런 학습 원리를 잘 반영하고 있었다. 선생님은 수업 도입부에서 '시가 무엇인지'를 설명하기보다 '낙타'와 '소독차'라는 동시를 보여주면서 시의 소재에 대해 학생들의 감정을 자유롭게 표현해보도록 했다. 이 과정은 분명 학생들에게 시가 무엇인지 체험적으로 알게 해주었을 것이다. '생활 속에서 흔히 볼 수 있는 소재에 감정을 담아서 간단하고 압축적으로 표현하는 것'이라고 시에 대한 정의를 말로는 정리하지 못하더라도, 분명 시를 이렇게 체험하고 있었다고 볼 수 있다.

만일 추상적인 개념을 먼저 가르쳤다면 어땠을까? 즉 시가 무엇인지, 왜 필요한 것인지 전혀 경험해본 적도, 생각해본 적도 없는 학생들에게 시의 정의나 특징을 이해시키려고 애썼다면 학생들은 선생님의 설명을 아무리 들어도 좀처럼 감을 잡지 못했을 것이다. 이처럼 구체적이고 사실적인 지식이 추상적이고 개념적인 지식의 기반이 될 때, 학습 과정은 보다 자연스럽게 진행될 수 있다.

최주연 선생님은 다음 도표에서와 같이 수업에서 네 편의 시에 대해 충분히 학생들이 경험하도록 한 다음, 수업의 맨 마지막 부분에 비로소 오늘의 수업 목표인 '시 바꾸기' 활동을 배치함으로써 바람직한 학습의 원리를 수업에 반영했다.

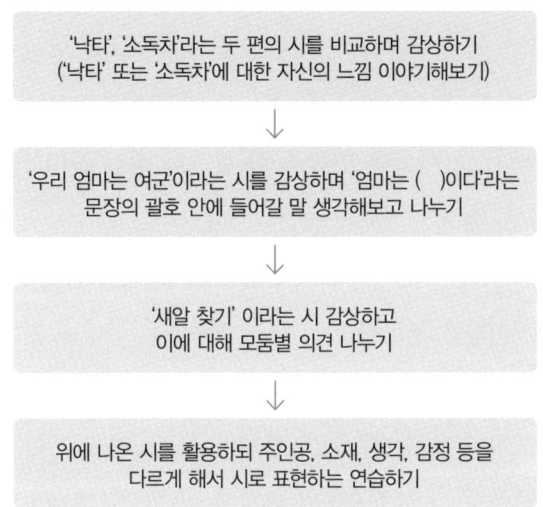

그런데 선생님의 수업에서 한 가지 빠진 것이 있었다. 그것은 바로 네 편의 시에 대한 체험적 활동에서 배운 것과 뒷부분에 등장한 '시 바꾸기'가 어떻게 이어지는지에 대한 구체적인 '연결 짓기'였다. 선생님은 시 네 편에 대한 감상에 이어 바로 시 바꾸기가 무엇인지 설명을 하기 시작했다. "이제부터 시 바꿔 쓰기를 할 거예요. 시 바꿔 쓰기는 처음부터 새로운 시를 쓰기는 어려우니 기존의 시를 가지고 등장인물을 바꾸거나 시간대를 바꾸거나 제목을 바꾸어서 자신이 원하는 시로 다시 쓰는 거예요" 하고 말이다. 이후에도 시 바꾸기를 어

떻게 하는지에 대한 추가 설명은 있었지만, 앞에서 네 편이나 되는 시를 감상하는 과정에서 학생들이 경험한 것을 이 과제와 어떻게 연결시킬 수 있는지에 대해서는 구체적으로 언급하지 않았다. 학생들이 아주 적극적으로 수업을 연결 지으려 노력하지 않는 이상, 앞에서 진행한 시 감상 활동과 여기서 하려는 시 바꾸기는 전혀 별개의 활동인 것처럼 느껴질 수 있다. 앞에서 한 활발한 수업 참여가 핵심적 과제와 연결되지 않고 단절되는 순간이었다.

최주연 선생님은 왜 앞에서 한 활동과의 연결 짓기 없이 마치 새로운 과제인 것처럼 학생들에게 시 바꾸기에 대한 설명을 했을까?

수업 코치 : 여기서 시 바꾸기가 별개의 활동처럼 소개돼서 좀 아쉬웠어요. 앞에서 나온 학생들의 활발한 이야기가 바로 이 활동으로 연결되었다면 좋았을 것 같다는 생각이 들었어요. 아마 선생님도 비슷한 생각을 하지 않았을까 싶은데요, 학생들의 이야기와 목표를 어떻게 연결하는 게 좋았을지 한번 살펴볼까요?

수업 교사 : 학생들에게 시를 보면서 궁금한 게 있는지 물어보고, 돌아가면서 나는 이게 궁금해, 나는 저게 궁금해, 하는 이야기를 쭉 하도록 했으면 좋았을 것 같아요. 서로 돌아가면서 이야기를 나누는 것만으로도 뭘 어떻게 바꿔 쓸 수 있을지에 대해 충분한 배움이 일어났을 것 같아요.

이 대화에서 알 수 있듯이, 최주연 선생님은 시 감상 활동과 시 바꾸기 작업의 관련성을 충분히 알고 있었다. 그런데 왜 학생들에게는 이를 언급하지 않은 것일까? 그 이유는 첫째, 선생님 자신이 앞뒤 활동이 어떻게 연결되는지, 그 의미를 따로 언급하지 않아도 충분히 아니까 학생들도 그러리라고 생각했다고 볼 수 있다. 즉, 교사와 학생의 인지적 수준 차이를 간과했을 가능성이다.

둘째, 교사의 연결 짓기가 혹시 학생의 자발적 학습을 방해하지 않을까 염려했을지 모른다. 학생이 경험하고 체험하는 것만으로 충분히 학습이 되는데, 여기에 굳이 교사가 설명을 덧붙이면 주입식 교육이 되지 않을 걱정했을 것이다. 그러나 그것은 연결 짓기의 방법을 다양하게 모색함으로써 해결할 문제이지, 그 필요성 자체를 부정해야 할 이유는 되지 못한다. 실제로 수업 연결 짓기 방법이 반드시 교사의 직접적인 설명일 필요는 없다. 질문을 해볼 수도 있고, 개별적으로 혹은 모둠에서 정리해서 발표하도록 시킬 수도 있다.

많은 학생들은 각 단계별로 주어진 활동을 따라가는 것만으로도 힘들어한다. 그래서 활동과 활동의 연관성은 미처 생각지 못하는 경우가 많다. 앞에서 한 활동과 이어지는 활동의 의미를 이해하고 연결 지을 수 있도록 하는 것은 우리의 사고과정 중 '초인지' 혹은 '메타인지'의 역할이라 볼 수 있다. 수업에서의 연결 짓기는 이런 '초인지'가 발휘되도록 하는 중요한 방법인 것이다.

교사 자신의 수업 목표에 대한 알아차림 증가시키기

학생들의 활발한 수업 참여가 수업 목표와 제대로 연결되지 않았을 때, 또 다른 이유로 생각해볼 수 있는 것은 교사가 학생들에게 제시한 수업 목표와 실제 의도한 수업 목표를 다르게 갖고 있는 경우이다. 수업 목표를 칠판에 적었다고 해서 그것이 바로 교사가 의도한 수업 목표인 것은 아니다. 그 수업 목표에 얼마나 가치를 부여하고, 그것을 가르치는 과정에서 얼마나 중요한 방향키로 삼는가에 따라 학생들에게 미치는 영향에는 크게 차이가 생긴다. 최주연 선생님 역시 수업 목표를 칠판에 적기도 하고, 학생들에게 직접 이야기도 했지만, 선생님에게는 수업 시간에 도달하고자 하는 또 다른 수업 목표가 있었다.

수업 코치 : 오늘의 학습 목표가 '시 바꾸기'라고 되어 있어서 학생들이 시에 대한 자신의 경험을 활발하게 이야기한 것을 바탕으로, 그 목표에 초점을 맞출 것으로 생각했는데요. 선생님께서 여러 번 기회가 있었음에도 그렇게 하지 않는 것을 보면서 선생님이 원한 또 다른 수업 목표가 있었던 것은 아닐까 하는 생각이 들었어요.

수업 교사 : 네, 맞아요. 사실은 시를 감상하는 쪽에 더 비중을 두었어요. 아이들과 시를 처음으로 같이 접하는 거라서, 바꾸기는 좀 뒤로 미루고 싶었다고 할까요. 은연중에 생각했던 건데도 이렇게 수업에 확실히 묻어나네요.

학생들에게 언급한 이번 수업의 목표가 있기는 했지만, 최주연 선생님의 마음속 수업 목표는 그것과 달랐던 것이다. 그것은 선생님이 실제 학생들의 학습 상황을 잘 알기 때문에 갖게 된 수업 목표이기도 했다. 최주연 선생님이 개인적으로 수업 시간에 도달해야 한다고 생각했던 수업 목표는 정해진 목표인 '시 바꾸기'가 아니라 '다양한 시를 감상하면서 시가 무엇인지 느낄 수 있도록 하는 것'이었다. 그리고 이렇게 실제 마음속에 품고 있는 수업 목표가 선생님의 행동에 더 많은 영향을 끼쳤을 것이다. 정해진 목표대로 시 바꾸기를 가르치는 시도를 하지 않은 것은 아니지만, 자신도 모르게 수업은 어느새 선생님이 마음속에 가지고 있던 목표를 향해 나아갔다고 할 수 있다.

그렇다면 이렇게 명시적인 학습 목표 외에 교사가 또 다른 수업 목표를 암묵적으로 가지는 것이 잘못된 일일까? 그렇게 생각하지는 않는다. 오히려 그것이 학생들에게 더 의미 있고 적절한 목표가 될 수도 있다. 표준 교육과정은 평균적이고 일반적인 수업 목표를 제시해줄 수는 있지만, 선생님만큼 수업 시간에 직접 만나는 학생들의 인지적, 정서적 특성을 다 고려할 수는 없기 때문이다.

문제는 선생님 스스로 자신이 수업 시간에 도달하고 싶어 한 목표가 무엇인지를 명확히 알아차리지 못했다는 데 있다. 선생님은 수업에서 선장의 위치에 있다. 선장이 항해의 방향을 어떻게 잡는가에 따라 배의 향배가 달라지듯 수업도 마찬가지다. 설명을 할 때에도, 질문을 할 때에도, 활동을 할 때에도 선생님의 수업 의도가 무엇인가에 따라 강조점이 달라지고, 접근하는 방법이 달라진다. 그런데 선생님이 자신의 수업 목표를 명확하게 인식하지 못한다면 학생들은 혼란을 겪을 것이고, 수업은 그 방향을 잃어버리게 될 것이다. 그만큼 수업의 목표는 중요하다.

교사는 각 수업 시간에 의도한 수업 목표를 막연한 상태로 놔둬서는 안 된다. 적극적으로 이를 알아차리고 구현하기 위해 노력해야 한다. 설령 그것이 명시적으로 정해진 학습 목표와 차이가 있다 하더라도 감추지 말고 어떻게 조화를 이루게 할 것인지 적극적으로 방법을 모색해야 한다. 교사가 생각하는 수업 목표는 어떤 형태로든 수업에 영향을 줄 수밖에 없기 때문이다.

여기에 대해 최주연 선생님은 다음과 같이 이야기했다.

"네, 제가 자주 그러는 것 같아요. 말씀하신 것처럼 주어진 수업 목표는 있는데, 제 마음에서 추구하는 가치가 달라서요. 이런 것이 들어가면 좋겠다, 이런 것을 전하고 싶다는 의도가 늘 따로 있었어요. 그래서 활동을 할 때에도 왠지 딱 떨어지지 않는다는 느낌을 받을 때가 많았고요. 제가 이것을 명확하게 인지하고 차라리 수업에서 구현하든가, 아니면 적어놓은 수업 목표에 명확하게 초점을 맞추든가 둘 중 하나를 해야 할 것 같아요. 애매모호하게 두는 바람에 아이들만 혼란을 겪었네요."

최주연 선생님은 자신이 생각하는 수업 목표를 분명히 알아차리는 것이 필요하다는 사실을 인지하고 나자, 이번 수업 상황에서 어떻게 하는 것이 더 좋았을지 구체적인 행동 방향을 정하는 일도 다시 차근차근 생각해볼 수 있게 되었다.

　　"오늘 제 의도는 시를 알고 이해시키고 싶은 측면이 더 컸다는 걸 저도 이제 알겠어요. 우리 아이들은 아직 시를 잘 모르니까 충분히 느끼게 해줄 필요가 있다고 봤으니까 그냥 여기에 집중했으면 좋았을 것 같아요. 그런데 책에는 바로 1차시에 시 바꿔 쓰기가 나오니까, 아무래도 교육과정에서 정해놓은 목표에 얽매일 수밖에 없어서…."

　　교사는 공식적인 수업 목표와 자신이 바라는 또 다른 수업 목표가 공존할 경우, 궁극적으로 학생들과 나누는 많은 이야기들을 어떻게 끌고 가야 할지, 그 방향을 잃어버리는 일이 종종 생긴다. 그렇다고 또 하나의 목표를 없애버리거나 의식하지 않기 위해 애쓸 필요는 없다. 중요한 것은 그것이 무엇인지 차라리 더 분명하게 알아차리는 일이다. 분명하게 알아차린 목표는 수업에서 방향키 역할을 톡톡히 해낼 것이기 때문이다.

4.
경험 정리와
이후 과제

수업에서 학생들과 활발한 상호작용이 일어나도록 하는 것과 수업 목표에 효과적으로 도달할 수 있도록 가르치는 것은 모순되거나 둘 중 하나를 선택해야 하는 사안이 아니라 조화를 이루어야 하는 일이다. 이를 위해 최주연 선생님의 경우 수업 코칭을 통해 첫째, 학생들에게 구체적으로 수업의 흐름을 연결 지어주는 것. 둘째, 교사가 가지고 있는 명시적 학습 목표와 암묵적 학습 목표가 불일치하는 부분을 구체적으로 알아차리는 것 등이 필요하다는 사실을 알게 되었다.

"전체적으로 앞으로의 수업에 대한 방향을 잡은 느낌이 들어요. 제 마음속 의도에 대해 깊은 알아차림이 부족했다는 것도 알겠고, 그걸 딱 집어내니까 이제 계속 생각해볼 수 있는 주제로 떠올라서 아이들을 똑바로 바라볼 수 있겠다는 생각이 들었어요."

교사가 학생들을 수업에 참여시킬 때에는 그 수업의 최종 목표를 염두에 두어야 한다. 학생들의 활발한 수업 참여는 수업 목표와 연결될 때에만 그 진가를 발휘할 수 있고, 다양한 학생들의 의견이 나와도 수업에서 일관성을 유지할 수 있게 하기 때문이다.

교사의 수업 목표는 수업에서 곧 방향을 잃지 않도록 하는 나침반 역할을 한다고 말할 수 있을 것이다. 교사가 학생들에게 제시한 수업 목표 외에 또 다른 수업 목표나 의도가 있다면, 이 역시 수업의 방향에 영향을 주게 되므로 그것이 어떤 형태의 수업 목표라 하더라도 명확히 알아차리고 학생들과 공유해야 한다.

Chapter **6**

학생들에게
어려워 보이는
내용 가르치기

1.
수업 관찰하고
고민 나누기

수업 시간에 가르치려는 교과 내용이 학생들의 이해 수준에 비해 지나치게 낯설거나 어렵게 느껴진다면 선생님은 수업을 시작하기도 전부터 고민에 휩싸이게 될 것이다. 그리고 예상했던 대로 수업 시간에 정말 학생들이 잘 이해하지 못하고 있다는 것을 확인하기라도 하면 고민의 무게는 더욱 커질 것이다. 그래도 어쩔 수 없이 진도를 계속 나가야 하는 상황이라면 학생들에게 미안한 마음까지도 생길 것이다. 물론 마음속으로는 '진도 때문에 선생님도 어쩔 수 없어'라고 하면서 말이다.

물론 교직 경력이 쌓이면서 어느 순간 교과와 학생의 차이를 더는 고민하지 않게 되는 선생님도 없지는 않을 것이다. 그러나 같은 교과 내용을 가르친다고 하더라도 교사가 만나는 학생들은 해마다 다르다. 학생들이 달라지면 가르치는 방법도 달라져야 하고, 만일 그럼에도 이전과 똑같이 가르친다면 제대로 가르치는 것이 아닐 수도 있다. 이 고민을 해결하기가 쉽지 않다. 교사에게 교육과정의 선택 권한이 있는 것도 아니고, 개별 학습을 실현할 수 있는 시간과 자원이 넉넉하지도 않기 때문이다. 그렇다면 이런 상황에서, 가르치기는 가르쳐야 하는데 정작 학생들에게 너무 어려워 보이는 내용을 어떻게 해야 제대로 가르칠 수 있을까?

이제 이 고민의 실마리를 수업 사례의 이현주 선생님과 함께 찾아가보기로 하자.

이현주 선생님의 수업 사례

초등학교 6학년을 맡고 있는 이현주 선생님은 '원그래프에서 여러 가지 사실들을 알 수 있어요'라는 단원에서 다음에 나오는 원그래프를 보면서 학생들이 항목별 순위, 비율, 빈도 등 다양한 정보를 읽어낼 수 있도록 가르쳐야 했다.

수업은 첫째, 신재생에너지 중 가장 많은 것과 적은 것이 상식적으로 알고 있는 내용과 어떻게 다른지 생각해보고 둘째, 원그래프의 의미를 여러 각도에서 비추어보는 문제를 만들어야 하며 셋째, 등하교 방법과 관련한 원그래프를 보면서 같은 방법으로 그 의미를 알아보고 관련 문제를 만들며 넷째, 학교에서 나온 쓰레기의 종류에 대한 원그래프를 제시하고 모둠별로 앞에서 해본 방식을 적용해야 했다.

수업 고민

이 수업 이전의 두 차시는 '원그래프 알아보기', '원그래프 그리기'였다. 그때 다룬 내용인 원그래프를 그리는 순서, 표와 그래프의 장단점, 원그래프와 백분율은 그래도 눈에 보이는 구체적인 사실들을 다루는 내용이라서 부담이 덜했다. 그러나 '원그래프에서 여러 가지 사실들을 알 수 있어요'라는 수업은 추상적인 원그래프와 구체적인 현실 세계의 관련성을 이해해야 하는 내용인 만큼, 학생들이 과연 제대로 이해할 수 있을지 걱정이 되었다.

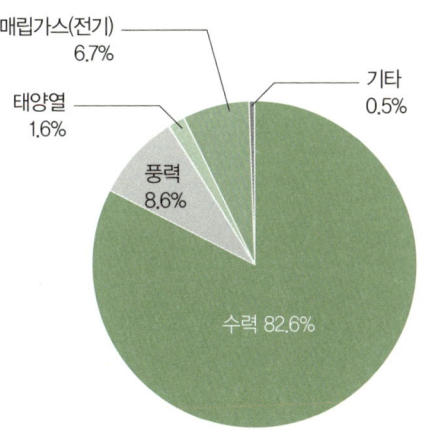

* 자료 출처 : 6학년 2학기 수학 교과서 94쪽

"아이들이 통계 자료를 보고, 질문을 만들고, 사실을 찾아가면서 통계 자료의 의미를 발견했으면 하는 마음이 있었어요. 그런데 수업에 들어오기 전에도 과연 통계 자료를 보고 아이들이 좋은 질문을 던질 수 있을지 의문이 들었어요. 예리한 질문을 던질 수 있으면 통계 자료를 새롭고 의미 있게 볼 수 있을 텐데, 과연 아이들이 여기에 대해 관심을 가지고 잘할 수 있을지 걱정이 됐지요."

선생님의 이런 염려는 수업이 시작되자마자 현실로 나타났다. 그리고 급기야 수업의 마지막 부분인 모둠 학습에서는 학생들이 이번 시간에 배워야 할 내용을 제대로 소화하지 못했다는 느낌을 받았다. 즉, 선생님이 질문을 만들어주면 계산은 했지만 이번 시간의 학습 목표인 원그래프를 보고 스스로 질문을 만들어내는 과정은 제대로 해내지 못했던 것이다. 설마 했던 선생님은 수업 막바지에 이르러서 이런 사실을 확인하고 고민이 더 깊어졌다.

"모둠 학습을 통해서 아이들이 통계 자료를 보고, 질문을 만들고, 사실을 찾아가면서 통계 자료의 의미를 발견했으면 하는 마음이 있었어요. 그런데 제가 예시로 보여준 자료들이 부족해서 그런 건지, 아이들의 모둠 학습을 지켜보면서 좀 답답한 마음이 들었어요. 그리고 활동이 끝났을 때에는 아이들이 낸 문제가 다 달라서, 이걸 어떻게 확인해야 하나 싶은 생각이 들었어요."

이현주 선생님의 고민은 다음과 같이 정리해볼 수 있을 것이다.

"오늘 수업 내용은 학생들의 수준을 감안하면 지나치게 어려운데, 어떻게 해야 제대로 이해시킬 수 있을까?"

"모둠 학습에서조차 간극을 해결하지 못했을 때에는 어떻게 해야 할까?"

2.
수업 고민의
배경 탐색 및 목표 설정

'어렵다'는 말도 그 의미가 다 다르다

오늘 가르칠 교과 내용이 학생들에게 어렵게 느껴질 거라고 예상할 수 있을 때, 교사가 이 문제를 해결할 방법이 무엇인지 고심하는 것은 당연한 일이다. 그런데 그 이전에 선생님이 생각하는 '어렵다'는 의미가 과연 무엇인지를 분명히 해둘 필요가 있다.

수업 내용에서 다루는 지식의 종류에는 크게 두 가지가 있다. 하나는 '서술적 지식'이고, 다른 하나는 '절차적 지식'이다. 이 중에서 '서술적 지식'은 다시 '무엇'과 관련한 지식으로 경험한 내용을 기억 속에 저장하고 있는 '사실적 지식'과 경험과 상관없이 독서나 상식을 통해 알게 되는 '개념적 지식'으로 구분할 수 있다. 이에 비해 '절차적 지식'은 '어떻게'와 관련한 지식으로 스케이트를 타는 방법, 수학에서

272에서 8을 나누는 방법처럼 말 그대로 절차에 대한 지식이다. 사실적 지식이나 개념적 지식이 어렵게 느껴지는 것은 지금까지 들어보지 못한 내용이 많이 포함되어 있기 때문이지만, 절차적 지식이 어렵게 느껴지는 것은 이를 사용해 볼 상황이 없었기 때문이라고 볼 수 있다. 따라서 어려움을 극복하는 방법에도 차이가 있다. 서술적 지식이 어렵게 느껴질 때는 선생님으로부터 그와 관련된 설명을 구체적인 예시와 함께 자세하게 듣거나 책을 읽어보는 것으로 해결될 수 있지만, 절차적 지식은 실제로 해보거나 적용해보는 과정이 있어야 한다. 이렇게 지식의 종류에 따라서 '어렵다'고 느끼는 의미와 그 대처 방법에도 차이가 생기는데, 이를 표로 정리해보면 다음과 같다.

	개념	'어렵다'는 의미
사실적 지식	경험한 내용에 대한 기억	경험한 적이 없는 내용이다.
개념적 지식	독서나 상식을 통해 얻은 지식	읽거나 들은 적이 없는 내용이다.
절차적 지식	절차 또는 방법과 관련한 지식	실제 적용해본 적이 없는 방법이다.

물론 교과 내용에는 세 가지 지식이 혼재되어 있는 경우가 일반적이다. 예를 들어 '병아리'라는 시를 학생들에게 가르치려 한다고 해보자. 먼저 학생들이 병아리를 실제로 본 적이 있는지, 병아리에 대한 어떤 기억이 있는지를 물어보았다면 이는 '병아리'라는 시와 관련해서 학생들이 '사실적 지식'을 가지고 있는지를 확인하는 것이다. 만일 병아리를 한 번도 본적이 없다고 한다면 '병아리'라는 시를 이야기하

기가 매우 어렵게 느껴질 것이다. 이 문제를 해결하려면 직접적이든 간접적이든 병아리와 관련한 경험을 하도록 해야 할 것이다.

그다음, 병아리를 시라는 형식으로 표현한 것에 초점을 맞추어 '시'는 무엇이고, 다른 장르와 다른 특징이 무엇인지 물어보았다면 시에 대한 '개념적 지식'을 확인하려는 것이다. 만일 시, 수필, 소설 같은 장르와 그 특성에 대해 들어본 적이 없었다면 이 질문은 어렵게 느껴질 것이다. 이럴 때에는 시의 특성, 즉 운율을 가지고 있다든지 압축미가 있다든지 심상, 비유, 상징을 사용한다는 것 등을 알려줄 필요가 있다. 또 가능하다면 시가 수필이나 소설 같은 글과는 어떤 점에서 다른지 비교해서 알려준다면 더 분명히 이해하게 될 것이다.

끝으로 학생들이 자신의 생각을 시로 표현하는 방법을 얼마나 알고 있는지 물어보았다면 '절차적 지식'이 있는지 확인하려고 한 것이다. 절차적 지식은 말로 설명하는 익히기가 어려워서 시로 표현하는 절차적 지식을 얻으려면 연습이 필요하다. 예를 들어 시상을 떠올리는 연습부터 이미지나 운율이 있는 언어로 자신의 감정을 쉽게 표현하는 것, 비유적 표현을 통해 표현하는 데 이르기까지 연습을 해야 비로소 시로 표현하는 것이 무엇인지를 익힐 수 있게 되는 것이다.

학생들이 어렵게 느끼는 지식은 상당 부분 사실적 지식보다 개념적 지식이나 절차적 지식의 비중이 크다. 따라서 지식의 종류에 따라 가르치는 방법을 다양하게 모색하는 것이 어려움을 극복하는 길이라는 것을 염두에 둘 필요가 있다. 즉, 교과서에서 제시한 학습 목표를

그대로 수용하며 따라가는 것이 학생들의 수준에 비해 어렵게 느껴
질 때에는, 가르치려는 교과 내용이 어떤 종류의 지식으로 구성되어
있는지 분류해보고, 여기에 맞는 방법이 무엇인지 모색하는 과정이
있어야 한다.

어려운 내용을 가르칠 때 필요한 알아차림

■ 가르치기 어려운 내용과 만날 때의 감정 알아차림

왠지 이번 시간에 학생들이 이해를 잘 못할 것 같은데 어쨌든 진도
는 나가야 할 때, 가장 흔히 느끼는 감정 중 하나는 바로 자책감이다.
자책감의 기저에는 '더 잘 준비했어야 했다' 같은 강한 당위적 생각
이 존재한다. 이현주 선생님도 마찬가지였다.

"준비가 덜 되어서인 것 같아요. 의도도 있고 계획도 있었는데, 섬
세한 준비가 부족한 수업이라는 느낌이었다고 할까. 수업 시간에 사
용한 자료 자체가 아이들에게 의미가 없었거나 거리가 멀었다는 점
이 너무 아쉬워요. 자료가 적절했다면 아이들의 질문도 재미있고, 의
미 있는 답을 찾아가는 수업이 됐을 거라는 생각이 들었어요."

그러나 다른 상황에서와 마찬가지로 이런 자책은 문제 해결에 별

도움이 되지 않는다. 일반적으로 자책은 문제 해결에 아무런 방향도 단서도 제공해주지 않은 채 그저 결과에 대해 꾸짖는 말만을 스스로에게 쏟아 붓게 만들기 때문이다. 사실 누구보다 수업에 대해 고민하며 준비해왔을 선생님에게 이런 자책은 너무 가혹한 것이기도 하다. 그래도 이렇게 자책하는 마음이 쉽게 찾아오는 것은 책임을 지고 싶은 마음과 어떻게든 해결하고 싶은 마음이 커서일 것이다.

■ 수업 행동에 대한 알아차림

– 지금–여기 수업에서 사용한 방법은 무엇인가?

이제 평상시보다 학생들에게 어려운 내용이라 생각되는 것을 가르치기 위해 이현주 선생님이 사용한 방법을 살펴보도록 하자. 앞에서 언급한 것처럼 이번 수업 사례에서 가장 중요한 수업 목표는 원그래프를 보고 그 의미를 알아낼 수 있는 질문을 여러 가지 형태로 만들어보는 것이었다. 즉, 원그래프로 나타난 통계 자료의 의미를 학생들이 궁금하게 여겨서 자료들이 담고 있는 의미를 다각도로 살펴보도록 하는 것이었다. 수업의 도입부를 한번 들여다보자.

선생님 : 태양열에너지, 수력발전, 조력발전, 이런 것들을 신재생에너지라고 하는데요. 그럼 신재생에너지 중에서 발전량이 가장 많은 것은 어떤 것일까, 그냥 한번 예상해보도록 할까요. 우리나라에서

전기를 가장 많이 생산해낼 것 같은 신재생에너지는 뭘까요?

학생들 : 풍력이요.

선생님 : 또 뭐가 있을까요? 여기 사거리에서 보이는 풍력발전소도 있고, 조금만 나가면 조력발전소도 있네요. 그럼 이번에는 그래프로 나타낸 걸 보도록 할까요. 자, 한번 보세요. 어떤 신재생에너지가 가장 많아요?

학생들 : 수력이요.

선생님 : 그렇죠, 수력발전소가 가장 많아요. 아까 여러분이 많다고 했던 풍력발전은 신재생에너지 전체에서 얼마만큼의 에너지를 생산해내요? 8.6%네요. 혹시 새롭게 발견한 신재생에너지 있어요?

학생들 : 연료전지요.

이렇게 수업 도입부를 시작한 선생님의 의도는 다음과 같았다.

"제가 의도한 것은 통계 자료의 제목만 보고 아이들이 신재생에너지 중 발전량이 가장 많은 건 뭘까, 예상해보는 것이었어요. 아이들이 주변에서 본 것만 생각하니까 조력발전이 가장 많다고 할 것 같았고, 주변에 풍력발전소도 있으니까 풍력발전도 많다고 할 것 같았어요. 그런데 실제 통계 자료는 우리가 어림잡은 예상을 무너뜨리잖아요. 이 작업을 좀 하고 싶었는데, 아이들이 거기까지는 못 나아가는 것 같았어요."

이 말에는 교과 내용이 어렵다고 느낄 때 선생님이 사용하는 대처 방안이 포함되어 있다. 즉, 앞에서 했던 말들을 포함해서 선생님이 학생들에게 어려운 내용을 가르쳐야 한다고 생각했을 때에는 다음과 같은 단계로 대처 방안을 모색해왔다고 볼 수 있다.

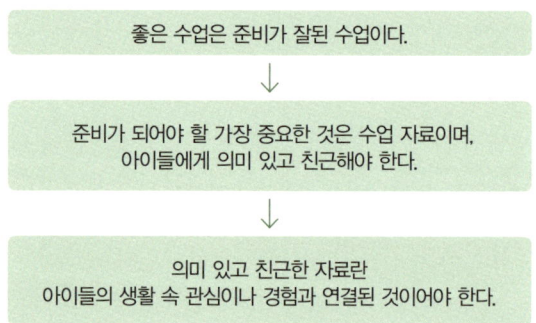

선생님은 낯설고 어려운 내용에 대해 친근한 관련 경험을 연결해주는 방안을 주로 사용한 것이다. 만일 이번 시간에 가르치는 내용이 사실적 지식과 관계가 깊은 것이었다면 이렇게 생활 속에서 친근한 경험을 찾아보는 것은 학생들이 교과 내용을 쉽게 이해할 수 있도록 하는 최상의 전략이었을 것이다. 그러나 공교롭게도 이번 수업에서 다룰 내용의 대부분은 원그래프를 보고 그 의미에 대한 질문을 만들도록 하는 것이어서 사실적 지식만으로 보기에는 어려웠다. 특히 학습 목표에 해당하는 '통계적 사실에 대해 질문을 갖도록 하기'

는 단계를 좀 세분화해서 한 단계 한 단계 연습해야 하는 절차적 지식의 성격이 강했다. 그럼에도 선생님의 주된 대처 방안은 사실적 지식을 익히는 것에 초점이 맞춰져 있었으므로 지식의 종류에 따라 다양한 개입 방안을 모색해볼 필요가 있었다.

모둠 학습에 대한 알아차림

모둠 학습의 장점은 교과 내용에 대한 이해 수준이 각 학생마다 차이가 있을 때 이해한 내용을 서로 가르치며 보완하는 작업을 하거나, 학습한 내용을 보다 정교하게 적용하도록 할 때 극대화된다. 그러나 모둠 활동은 그 자체로 학습 효과가 생기는 것은 아니라서 학습이 일어날 수 있는 형태로 지도를 잘 하는 것이 중요하다. 특히 학생들끼리 모둠 활동을 통해 학습이 이루어질 수 있도록 하려면 선생님의 설명을 통해 관련 내용에 대한 사전 지식이 어느 정도 갖춰져 있어야 하고, 모둠 활동에 대한 사전 안내와 역할 분담 등도 필요하다. 모둠 활동을 통해 학습이 이루어지도록 하는 데에는 교사가 주도하는 수업 못지않게 교사의 주의 깊은 활동 계획과 진행 과정에 대한 지식이 필요한 것이다.

만일 모둠 활동이 이루어지는데 충분한 사전 지식이 선생님의 설명을 통해 혹은 자료를 통해 준비되지 않았다면, 모둠 활동은 그 이상의 효과를 기대하기 어려울 수 있다. 모둠 활동에 대한 내용적 준비와 진행과정에 대한 준비가 얼마만큼 효과적일지는 모둠 활동에 들어가기 전 선생님과 학생들의 상호작용의 밀도에 영향을 받기 때문이다.

이는 수업 사례의 이현주 선생님의 경우도 마찬가지였다. 따라서 모둠 학습이 목적한 바를 이루지 못했다는 사실을 발견했다면 다음 두 가지 사안에 대해 집중적으로 검토를 해보아야 할 것이다. ①선생님의 설명을 통해 모둠 학습에서 오늘 다룰 내용에 대한 사전 지식을 충분히 갖추게 했는가? ②모둠 학습에서 해야 할 활동에 대해 충분히 사전 안내 및 역할 분담을 했는가?

3.
수업 고민의
해결 방법 모색

새로운 개념에 더 집중하도록 하기

새로운 개념을 처음 배울 때에는 충분히 숙달할 만큼 익히지 않으면 활용 가능한 지식으로 자리 잡기가 힘들다. 여기서 충분하다는 의미는 투입하는 시간도 시간이거니와 그 내용에 주의가 기울여지는 정도, 즉 주의력도 포함된다. 아직 익숙하지 않은 지식이 익숙해지려면 상대적으로 더 많은 노력을 기울여야 한다는 의미이기도 하다. 만일 가르치고자 하는 내용이 '사실적 지식'이나 '개념적 지식'이 아닌 '절차적 지식'이라면 다양한 활용 기회와 함께 그 지식을 언제, 어디서, 왜 사용해야 하는지에 대한 구체적인 피드백이 제시되어야 할 것이다.

그러나 이현주 선생님과 같은 수업 고민, 즉 학생들에게 어렵게 느껴지는 지식을 어떻게 가르쳐야 하는가에 대한 고민을 하다 보면, 이와 같이 새로운 개념이나 내용을 부각시키거나 강조하기보다 이미 익숙한 내용에 덧붙여 전달하면서 그다지 강조하지 않고 싶은 마음이 들 수 있다. 강조할수록 어렵게 느껴질 것이란 염려가 들기 때문이다. 다음 수업 장면을 한번 살펴보도록 하자.

선생님 : 혹시 새롭게 발견한 신재생에너지 있어요?

학생들 : 매립가스요.

선생님 : 그렇죠. 그러면 질문을 해볼게요. 우리가 많을 거라고 예상했던 건 풍력인데, 수력발전은 풍력발전의 몇 배가 되는 것 같아요? 약 몇 배?

학생들 : 10배요.

선생님 : 9배가 넘죠? 자, 소수 첫째 자리까지 나타내서 한번 계산을 해보세요.

학생들 : 뭘 그려요?

선생님 : 자, 지금 우리가 하려는 건 수력발전이 풍력발전량의 몇 배가 되는지 소수 첫째 자리까지 나타내는 거예요.

이 수업 대화는 수업의 도입부로 이번 시간에 무엇을 배울지를 소개하는 부분이라고 볼 수 있다. 이 대화에서는 이번 시간에 새로 배우게 될 원그래프를 보면서 질문을 해보는 것("그러면 질문을 해볼게요")과 지난 시간에 배웠던 내용("9배가 넘죠? 자, 소수 첫째 자리까지 한번 계산을 해보세요")이 비슷한 비중으로 소개되고 있다. 그러나 이번 시간에 배울 학습목표를 제시하는 시간이라는 점을 감안하면, 새로 배울 내용을 훨씬 더 강조할 필요가 있었다. 예를 들면, "여러분, 지난 시간에는 원그래프를 보면서 문제를 계산해보았어요. 그런데 이번 시간에는 여러분이 직접 원그래프를 보면서 문제를 만드는 연습을 해볼 거에요. 예를 들면 '수력발전은 풍력발전 에너지양의 몇 배가 되는 것일까'와 같은 문제를 만들어보는 거에요. 다 같이 이런 문제를 한번 만들어볼까요?"와 같이 이야기하면서 새로 배울 내용에 훨씬 강조점을 둘 수 있다. 공평한 것이 늘 좋은 것은 아니다. 새로운 개념이나 내용을 배울 때에는 그것에 훨씬 집중해야만 익힐 수 있기 때문이다.

절차적 지식은 맥락에서 익히도록 하기

앞에서 언급한 것처럼 절차적 지식은 결국 언제, 어디서, 왜 그것을 사용해야 하는지에 대한 것이므로, 이 지식을 익히도록 하려면 그것이 사용되는 맥락으로 학생들을 초대해야 한다. 통계 자료에 익숙한 선생님이나 어른들이라면 자료를 보면서 자연스럽게 질문을 찾아보라는 수업의 학습 목표가 그렇게 낯설지 않겠지만, 학생들의 경우에는 도무지 어떤 맥락에서 왜 질문을 찾아보라는 건지, 그 필요성 자체가 별로 익숙하지 않기 때문이다. 이에 대해 이현주 선생님은 다음과 같은 아이디어를 제시했다.

"이 상황에서 아이들한테 미리 예상을 해보게 했으면 좋았을 것 같아요. 우리 반에 걸어서 학교에 오는 친구는 몇 명이나 될까? 버스 타고 오는 친구는 또 몇 명일까? 실제로 통계를 내서 눈으로 확인하기 전에는 우리의 예상이 빗나갈 수도 있다는 것을 확인하고 넘어갔으면 조금 수월하게 제가 의도했던 바를 이룰 수 있었을 거라는 생각이 들어요."

이미 알고 있는 내용이라는 것만으로는 절차적 지식을 습득하기에 부족하다. 실제로 적용을 해보지 않으면 어떤 순간에 그 지식을 활용해야 할지 잘 모를 수 있다. 따라서 절차적 지식을 익히는 데는 '이것이 원그래프야'라는 설명보다는 오히려 '이런 상황에서 원그래프로 제시해볼래?'와 같이 지식을 활용할 수 있는 상황에 노출되도록 하는 것이 더 도움이 된다. 지식의 종류에 따라서 어려움을 해결하는 방법도 달라질 수 있기 때문이다.

모둠 학습, 수업 맥락에서 이해하기

이제 모둠 활동을 통해 학습이 잘 이루어지지 않았을 때 어떤 부분을 검토하는 것이 필요한지 같이 살펴보기로 하자.

모둠 학습 장면

학생 1: 가장 많이 차지하는 항목이 뭐지, 이거?

학생 2 : 아니, 아니야.

학생 3 : 야, 이거 있는데.

학생 4 : 쉽다.

선생님 : 수미야, 지금 여기 종류별 쓰레기 발생량이 총 전체량이야. 그러니까 보람이네 학생 수랑 관련이 있을까, 말해줘야지.

학생 1 : 몰랐어요.

선생님 : 자, 다른 친구들부터 문제를 내도 괜찮아요.

학생 2 : 종이는 플라스틱의 약 몇 배입니까?

학생 3 : 너, 여기에서 써.

선생님 : 주로 여기는 '몇 배입니까?'를 질문으로 했네요. 마지막 질문은 몇 배인지 묻는 거 말고 다른 걸로 하면 어떨까?

학생 4 : 그러니까, 이거 내가 했으니까 다른 거 해.

이 장면에서 아직 학생들은 모둠 학습에서 무엇을 해야 하는지 명확하게 이해하지 못했다는 것을 알 수 있다. 이런 상황이 벌어지면 교사는 어떻게 해야 할까? 자발적인 모둠 학습에 관여를 하는 것이 맞는지, 아닌지 이래저래 난감한 상황에 놓이게 될 것이다. 그러나 모둠 학습은 마치 학생들의 자발적인 활동처럼 보여도 사실 수업의 전체 흐름과 밀접한 관련이 있다. 모둠 학습이 잘 되지 않는다고 해서 모둠 학습만 다시 구성하면 다 되는 것이 아니라, 수업 전체의 흐름을 살펴보면서 모둠 학습으로 들어갈 충분한 준비가 이루어진 상황인지 아닌지를 살펴보아야 한다. 구체적으로 수업의 전체 흐름과 관련해서 모둠 학습을 살펴본다는 것은 다음과 같은 사안을 살펴본다는 의미이다.

첫째, 모둠 학습으로 들어가기 전에 선생님의 설명을 통해 학생들 끼리 활동할 수 있도록 기초 지식이 충분히 준비가 되었는가? 부족한 면은 없는가?

둘째, 모둠 학습에 대한 안내 과정이 충분했는가? 말로 절차를 설명했다 하더라도 모둠 학습에서 무엇을 어떻게 할 것인지에 대한 충분한 이해와 연습이 있었는가? 만일 학생들에게 모둠 활동에서 해야 할 일이 무엇인지를 불분명하게 전달한 상태라면 전체가 아니라 모둠별로 모여 있다고 해서 갑자기 활발한 학습이 일어나지는 않을 것이다.

이현주 선생님은 이런 기준을 가지고 함께 대화를 나누면서, 모둠 활동이 갑자기 알 수 없는 이유로 잘 안 된 것이 아니라, 모둠 활동 이전에 선생님이 설명을 하는 과정에서 이번 시간에 선생님이 수업 목표로 하였던 내용이 충분히 강조되지 못했으며, 적용과정이 분명하게 제시되지 않았던 점 등이 결국 모둠 활동에 영향을 준 것임을 발견하게 되었다.

"제가 모둠 활동을 단편적으로 본 거잖아요, 그냥 아이들이 원하는 수업을 하면 되는 거지 하고. 포괄적으로 인지할 수 있도록 정리하는 과정이 있었으면 아이들이 시간을 그냥 흘려버리지 않고 의미 있게 보낼 수 있었을 것 같아요. 아무래도 모둠 활동에 들어갔을 때

보호자가 없었던 것 같아요."

　나는 선생님의 이런 통찰이 반가웠다. 모둠 학습에서 활동 자체만 보는 것이 아니라 수업의 전체 맥락에서 모둠 학습을 볼 수 있었기에 가능한 통찰이란 생각이 들어서다. 모둠 학습에 대한 가장 많은 오해 가운데 하나는 선생님의 관여가 없어야 된다거나, 있더라도 매우 적어도 된다고 생각이라고 본다. 그러나 모둠 활동에서 학습이 이루어지려면 오히려 선생님의 더 많은 준비가 필요하다. 형식만 달라질 뿐 선생님의 관여는 모둠 학습에서도 매우 중요한 의미를 지니기 때문이다.

4.
경험 정리와
이후 과제

　이번 수업 나눔을 정리할 시간이 되었다. 처음에 선생님이 가지고 있던 고민인 '학생들의 이해 수준에 비해 어려운 내용을 어떻게 해야 제대로 이해시킬 수 있을까?'와 '왜 모둠 수업이 제대로 진행되지 못했을까'의 고민에 대해 지금은 어떤지를 물어보았다.

　"수업을 촬영한 영상을 보니 마치 자료를 투하한 것 같은 느낌이 들어서 못마땅하네요. 제가 진짜 의도한 것이 무엇인지를 알리는 최소한과 최적의 자료였으면 좋겠다는 마음으로 그랬던 건데…. 처음에는 '아, 시간이 조금만 더 있어서 준비를 잘했더라면'하고 말했지만, 오늘 수업을 보면서 그게 아니라는 걸 알았어요. 지금 상황에서는 정말 내가 의도한 대로 잘 전달되었는가 하는 것이 더 중요하다는 걸 깨달았어요."

이현주 선생님은 난이도가 높은 교과 내용에 대해 학생들의 경험과 가까운 자료를 선택해서 내용상 친근감을 더함으로써 난이도가 낮아진 것으로 느끼게 해주고 싶어 했다. 하지만 통계나 수학 등의 교과에는 절차적 지식의 특성을 가진 내용이 많아서 내용의 친근함 외에도 절차를 잘게 쪼개서 한 단계씩 연습할 수 있도록 하는 과정이 포함되어야 한다. 또 언제 어떤 상황에서 지식을 사용해야 하는지 이해하도록 해서 문제를 해결하는 사고 자체의 필요성을 느끼도록 하는 작업이 이루어져야 한다. 이외 모둠 활동에서의 어려움이 이와 같은 수업 전체의 흐름과 무관하지 않다는 것을 발견했던 것도 수확이었다. 모둠 활동이 잘 안되면 대책이 없는 것 같았는데, 모둠 활동으로 들어가기 전 선생님이 주도했던 수업과 모둠이 밀접하게 연결되었다는 것을 알고 나자 어떤 준비가 필요한지 더 구체적으로 알 수 있었기 때문이다.

물론 이런 해결 방법이 교과와 학생들의 이해 수준 차이 극복이라는 커다란 과제를 완벽하게 해결하는 방법이 될 수는 없을 것이다. 그러나 적어도 이현주 선생님에게는 이 문제를 수업 고민으로 끌어안고 다양한 관점에서 그 해결 방안을 모색해본 것은 의미 있는 과정이 되었으리라 생각한다. 학생들이 달라지듯, 교수 방법 역시 끊임없이 다르게 하려는 연습이 필요하기 때문이다.

Chapter 7

•
•
•

설명 중심
수업인가,
활동 중심
수업인가

1.
수업 관찰하고
고민 나누기

　교사들이 수업 설계를 할 때마다 가장 고민을 많이 하는 것 가운데 하나는 '설명 중심의 수업을 할 것인가, 활동 중심의 수업을 할 것인가?'일 것이다. 이 두 가지 수업 방법은 각기 상반된 장단점이 있다. 설명을 위주로 수업을 하면 교사가 가르쳐야 할 내용을 신속하고 정확하게 전달할 수 있다는 장점이 있지만, 학생들의 수업 이탈 가능성이 높은 것은 단점이 될 수 있다. 반면 활동을 중심으로 수업을 하면 학생들이 수업에서 이탈할 가능성은 상대적으로 줄어들지만, 수업 진도나 시험 등을 고려하면 아무래도 시간이 촉박하고, 교사가 직접 가르쳤을 때보다 꼭 가르쳐주어야 할 내용을 다 짚어주지 못한 것 같은 아쉬움이 남을 것이다.

　그렇다면 어떤 기준을 가지고 설명을 중심으로 수업을 할지, 활동을 중심으로 수업을 할지 정하는 것이 좋을까? 우선은 가르치려는 교과의 내용이나 수업 목표가 무엇인가에 따라 달라져야 할 것이다. 예를 들어, 영어의 관계대명사 용법이나 과학에서 원소의 주기율표를 가르쳐야 한다면 설명을 중심으로 수업을 하는 것이 효과적일 것이다. 반면에 기체의 용해도가 뜨거운 물에서 더 높은지, 차가운 물에서 더 높은지를 알아보려면 아무래도 실험과 같은 활동을 직접 해보는 수업이 더 효과적일 것이다.

그렇다면 결국 설명을 중심으로 수업을 할 것인가, 활동을 중심으로 수업을 할 것인가는 가르칠 교과 내용이 무엇인가에 따라, 그리고 이를 어떻게 가르치는 것이 가장 효과적인가에 따라 달라져야 할 것이다. 즉, 교사는 어느 한 가지 방법을 고수하기보다 교과 내용에 맞춰 가장 적절한 수업 방법이 무엇인가를 판단하고 선택할 수 있어야 한다.

만일 특정한 수업 방법을 선택하는 데 주저하게 된다면, 혹은 어려움을 겪는다면 어떻게 하는 게 좋을까? 설명을 중심으로 수업을 하는 것이 해당 교과 내용을 가르칠 때 효과적일 것이라는 사실을 알면서도 설명을 하면 학생들이 교사를 주목할 것 같지 않다거나 지루해할 것 같다고 생각해서 무슨 내용을 가르치든 활동 중심으로 수업을 하게 된다면?

이는 마치 두 손을 다 써서 씨름을 해도 힘든 적수를 만났는데 그중 한 손이 묶여 있어 다른 한 손으로 씨름을 할 수 밖에 없는 상황과 같다고 할 수 있다. 학생들의 학습뿐 아니라 교사로서 자부심이

나 효능감에도 부정적인 영향을 미치게 될 것이다. 수업에 대한 고민을 아무리 하고 해결 방안을 모색한다 해도 그 선택의 폭이 제한되어 있다면 부분적인 해결책밖에는 되지 못한다. 따라서 이처럼 수업 방법의 선택에서 제한이 있다고 느껴진다면 그 이유가 무엇인지, 어떻게 해결하면 좋을지 알아볼 필요가 있다.

다음 수업 사례에 나오는 이영환 선생님도 비슷한 고민을 가지고 있었다. 이전에는 설명 중심의 수업을 주로 했지만, 최근에는 활동 중심의 수업을 하면서 이젠 설명을 하는 것이 더 효과적일 것 같은 내용을 가르칠 때에도 왠지 설명을 하는 것이 두려운 마음이 든다는 것이다. 설명이 더 효과적이면 설명을 하고, 활동이 더 효과적인 상황에서는 활동을 하는 등 자유로운 선택이 가능했으면 좋겠는데 자꾸 한쪽으로 치우쳐 수업을 하게 되는 상황이라고 했다.

이영환 선생님의 수업 사례

이영환 선생님은 중학교 2학년 기술 수업, 그 중에서도 '기술에 담긴 문명의 특성과 창조 정신의 이해'라는 주제로 수업을 진행했다. 그리고 최근 자주 경험했던 설명하는 수업에 대한 두려움을 극복하기 위해, 오늘 수업은 일부러 설명 중심의 수업을 선택했다. 그래도 수업 중간중간 짝 또는 모둠별로 함께 활동하는 시간을 포함했다.

수업의 도입부에서는 먼저 현대의 여러 가지 발전 기술(주소록, 이

모티콘, 검색 프로그램, UCC, 내비게이션, 메신저 등)을 담은 동영상을 보여주었다. 영상을 본 뒤에는 이런 현대적 기술에 담긴 가치가 무엇인지를 활동지에 적고 발표하도록 했다. 그다음에는 해당 부분의 교과서를 학생들에게 읽도록 하고, 선생님이 설명을 해주었다. 이어 쌀 한 톨에 바람, 천둥, 농부의 새벽, 외로운 별빛이 담겨 있다는 시의 영상자료를 보여주었으며, 모둠별로 시 영상에서 보여준 쌀 한 톨에 담긴 의미가 무엇인지 활동지에 적어보도록 했다. 마지막으로 교과서에 적힌 전통 기구들(거문고, 키, 무자위, 맞두레, 씨송곳, 디딜방아, 도리깨 등)의 역할과 가치를 생각해보도록 했다.

수업 고민

이영환 선생님의 고민은 설명 위주의 수업을 할 때에도, 활동 중심의 수업을 할 때에도 있었다. 먼저, 설명 위주의 수업을 진행할 때에는 설명이 자칫 길어지면 학생들이 들으면서 지루해하지는 않을까 걱정했다.

"말을 하면서 아이들의 반응이 침체된다고 느꼈어요. 그래서 저도 의기소침해져서 서둘러 마무리했던 것 같고요. 아이들이 어떻게 생각하는지 질문하면서 여유를 가졌어야 하는데, 그저 빨리 정리하고 싶은 마음이 커서⋯. 아무래도 제가 설명하는 수업을 두려워하는가 봐요."

그렇다고 활동을 중심으로 수업을 한다고 고민이 없어지는 것도 아니었다. 활동을 하면, 지루해할 것 같다는 염려는 아무래도 줄어들지만 활동을 한다고 해서 반드시 학생들이 적극적으로 참여하는 것도 아니고, 또 기대했던 학습이 일어나는 것도 아니라는 사실을 발견한 것이다.

"약간 아쉬웠던 점이 있는데, 모둠별로 돌아가면서 말하게 한 부분에서 제가 시키면서도 뭔가 분위기가 조금 이상하다는 느낌을 받았어요."

이영환 선생님은 어떤 수업 방법을 선택하든 고민이 되었기 때문에 수업 방법의 선택이 자유롭지 못한 느낌이 들었다. 선생님의 바람은 어떤 방법을 선택하든 학생들이 지루해하지 않고 능동적으로 수업에 참여할 수 있도록 하는 것이었다. 선생님의 수업 고민을 다음과 같이 정리해볼 수 있을 것이다.

"수업 시간에 설명을 해야 할 때가 되면 학생들이 지루해할까 봐 두려워지는데, 어떻게 하면 좋은가?"
"활동을 하면서도 학생들의 능동적인 참여가 이루어지지 않는 경우에는 어떻게 해야 하는가?"

2.
수업 고민의 배경 탐색 및
목표 설정

이제 두 가지 고민에 어떤 의미가 있는지, 선생님의 수업과 삶의 배경을 기반으로 구체적으로 살펴보자.

설명을 하면 학생들이 지루해할지 모른다는 두려움과 마주하기

교사가 설명을 하는데 학생들의 반응이나 표정이 영 시큰둥하고 집중하는 것 같지 않다면 참으로 곤혹스러울 것이다. 이럴 때 가장 흔히 경험하는 정서적 반응은 두려움이다. 이영환 선생님 역시 자신이 설명을 좀 길게 한다 싶을 때에는 학생들이 보이는 반응을 살피면서 이런 두려움을 경험하고 있었다. 두려움이 생기면 상황을 직시하기보다 얼른 피하고 싶은 마음이 들기 마련이다. 이영환 선생님도 그랬다. 그래서 설명을 하면 더 분명하게 학생들을 이해시킬 수 있을 것 같은 상황에서도 설명을 하지 않고 활동으로 수업 방법을 전환함으로써 두려움을 해결하려는 경우가 많았다. 설명하는 방식으로 수업을 할 때 이영환 선생님이 경험한 두려움과 그 두려움이 초래한 영향이 무엇인지, 알아차림 작업을 해보았다.

"사실 활동인가, 설명인가를 선택하는 기준이 아이들이 '지루해하면 안 되니까'가 아니라 아이들이 정말로 배우도록 하는 데 맞춰져야 하는데, 어느 정도는 의도적으로 무조건 활동을 시켜야 한다는 강박이 있었던 것 같아요. 그러다 보니 의미 있는 활동이 되지 못하고, 그냥 활동일 뿐인 수준에 머물지 않았나 싶어요."

결과적으로 이영환 선생님의 알아차림 과정을 이해하기 쉽게 표로 정리하면 다음과 같다.

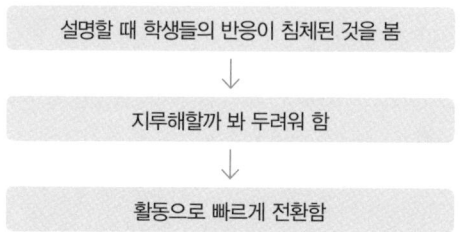

선생님이 일방적으로 설명하기보다 학생들이 활동을 하게 하면 수

업 참여도는 높아질지 모른다. 그러나 반드시 설명을 통해서 이해시켜야 하는 교과 내용의 경우 학생들이 지루해하고 힘들어 하면 스타일을 살짝 바꿀지언정 설명하는 방식을 선택해야 한다. 학생들이 설명 듣는 것을 힘들어한다고 해서 그것을 활동이 필요한 순간이라고 생각하는 것은 제한적인 해결 방법에 불과하다. 설명을 하면서도 더 많은 예시를 들려주어야 하는 경우, 지금 배우는 내용을 이해하는 데 필요한 기초 지식을 우선 가르쳐야 하는 경우, 영상이나 다른 자료를 추가적으로 보여주고 부가 설명을 해야 하는 경우도 있기 때문이다. 물론 활동을 선택할 수도 있으나 활동이 만병통치약처럼 사용되어서는 안 된다는 뜻이다. 가장 필요한 순간에 계획에 따라 활용해야 활동이 가진 의미를 충분히 살릴 수 있다.

활동이 곧 능동적 수업 참여는 아니다

수업 시간에 교사가 계획한 활동이 학생의 수업 참여를 증가시키는 방법인 것만은 분명하다. 그러나 자칫 잘못하면 활동은 하는데 학습은 이루어지지 않는 사태가 벌어질 수도 있다. 설명보다 활동 중심의 수업을 선호한 이영환 선생님도 바로 이 부분이 고민이었다.

"처음 의도는 친구들이 발표하는 것을 보면서 사람마다 이렇게 다른 안목으로 볼 수도 있구나 하는 것을 아이들이 깨닫고, 앞으로 배울 전통 기술에 대해서도 다른 시선으로 봐야겠다는 것을 어렴풋이나마 느꼈으면 좋겠다는 것이었어요. 그런데 막상 진행해보니 그냥 스피드 퀴즈처럼 흘러버린 느낌이 들면서 '이건 아니다' 싶더라고요."

활동은 그것이 무엇을 목표로 하느냐에 따라서 내용이나 진행 방법이 다르게 계획되어야 한다. 예를 들어 지루한 내용을 반복적으로 외워야 하는 상황이라면, 위에서 언급한 것처럼 스피드 퀴즈를 연상시키는 활동을 해도 좋을 것이다. 그러나 여러 첨단 기술이 담고 있는 가치나 원리를 진지하게 생각해보도록 하는 것이 목표라면, 모둠별로 자료 조사를 하도록 하거나 토론을 해보도록 하는 것이 더 효과적일 수 있다. 활동을 한다고 해서 무조건 학생들이 능동적으로 참여하는 것이 아니며, 더군다나 그것이 반드시 학습으로 연결되는 것도 아니라는 사실을 염두에 둘 필요가 있다.

3.
수업 고민의
해결 방법 모색

설명 중심 수업의 두려움 극복하기

이제 설명 중심의 수업을 할 때 경험하는 두려움을 극복할 수 있는 보다 직접적인 방법을 찾아보기로 하자.

■ 교과 내용의 난이도가 높은 경우

교사가 설명 중심으로 수업을 할 때 학생들이 힘들어한다면 가장 먼저 변화를 줄 수 있는 것은 더 쉬운 말로 다시 설명하거나, 다양한 예시를 들어주는 것 등이다. 물론 잠시 기분 전환용으로 재미있는 영화나 선생님이 경험한 생활 속 에피소드를 이야기해줄 수도 있다. 또 필요에 따라서는 설명으로 계속 수업을 진행하지 말고, 짝과 함께 혹은 모둠별로 활동하는 형태로 수업 방법을 전환할 수도 있을 것이다.

그러나 교과 내용 자체의 난이도가 높은 경우에는 이런 방법만으로 해결하기가 어려운 측면이 있다.

우리가 교과 내용의 난이도가 높다고 느낄 때에는 보통 단편적인 사실이나 정보에 초점이 맞춰졌을 때보다 개념이나 원리 이해를 담고 있는 경우다. 브루너Bruner, 굿나우Goodnow, 어스틴Austin(1959)은 '사고의 연구'에서 '개념이란 자료를 유목화하는 과정'이라고 했다. 즉, 여러 사실적인 자료들 가운데서 이를 구분하고 분류해서 공통적인 속성을 찾아내 이름을 붙인 것이 개념이라는 것이다. 예를 들어 사과, 배, 귤, 딸기 같은 구체적인 것들을 다른 것으로부터 분류해 '과일'이라는 공통된 속성을 찾아내는 것이 곧 개념이라고 할 수 있다. 따라서 개념의 의미를 이해하는 것은 사실에 대한 이해보다 훨씬 어렵게 느껴지고, 개념이나 원리를 많이 포함하는 교과의 난이도 역시 훨씬 높게 느껴진다.

이영환 선생님의 수업에서도 이런 측면이 있었다. 선생님의 수업 주제는 '현대 기술이 가치를 지향하고 있고, 또 그래야 한다'는 것이었는데, 이 중 '가치'라는 개념은 상당히 추상적인 속성을 지니고 있어서 이해하기가 어려웠다. 차라리 최첨단 발명품들을 구체적인 예시로 들어주면 그 의미가 쉽게 와 닿을 수 있었을 것이다.

그렇다면 가치와 같은 추상적인 개념을 이해시키려면 어떤 방법이 필요할까? 몇 가지 방법이 있겠지만, 여러 사실들의 공통적 속성을 뽑아서 추상화한 것이 개념인 만큼 그 기반이 되는 사실적 지식을 알게 해주는 과정이 필요할 것이다.

예를 들면 '가치가 무엇인지' 정의를 내리거나 설명하기보다 구체적으로 가치를 추구하며 살았던 사람을 소개하거나, 가치가 반영된 기술에는 무엇이 있는지 예시를 들어주는 것이다. 또 가치와 구별되면서 혼동하기 쉬운 '기능'이나 '편리함'을 추구하는 것이 어떻게 다른지에 대한 예시를 들어줄 수도 있을 것이다. 이처럼 개념의 기반이 되는 사실적 지식의 의미가 분명해지면 이번 시간의 주제인 여러 가지 현대 기술이 왜 가치를 구현하려고 하며, 각각의 기술이 연결하고자 하는 가치는 무엇인지 찾아보는 일도 보다 수월해질 것이다.

만일 이와 같은 절차를 차근차근 밟지 않는다면, 활동 자체만으로 가치의 의미를 이해시키기는 어려울 것이다. 그리고 활동을 한다고 해도 역시 이렇게 단계를 차근차근 밟아야 할 것이다. 학습의 관건이 되는 것은 설명인가, 활동인가가 아니라 '무엇을 위한 설명인가', 혹은 '무엇을 위한 활동인가'에 있기 때문이다.

■ 설명 중심 수업에서도 능동적으로 참여시키기

교사가 설명 형태로 수업을 진행할 때 흔히 저지르는 실수 가운데 하나는 학생을 설명을 듣는 대상의 자리에만 놓아두는 것이다. 구체적으로 다음과 같이 할 수 있다. 첫째, 학생에게 질문을 하기는 하지만 대답이 바로 나오지 않으면 기다리지 않고 자기가 대답해버린다. 둘째, 학생이 오답을 말하면 힌트를 주거나 더 생각해보도록 유도하지 않고 곧장 오답을 정정하며 정답을 알려준다.

　이런 양상이 반복되면 학생들은 선생님의 질문이 형식적인 것이라는 사실을 금방 눈치 챈다. 이영환 선생님도 이와 관련해서 수업 시간에 선생님이 했던 질문을 다시 돌아보면서, 자신의 방식이 학생들의 참여를 적극적으로 초대하는 형태가 아니었을지 모른다는 사실을 알아차리게 되었다. 질문을 하기는 했지만 과정을 고민하도록 하는 것이 아니라 답을 너무 빨리 알려주었다는 생각이 든 것이다.

　"설명만 해서는 아이들이 집중하기 힘들 것 같다는 생각이 들어서 중간에 질문할 지점을 의도적으로 만들어주려고 했어요. 그런데 주도권을 확실하게 아이들에게 넘겨줘서 제가 깨달은 것을 아이들도 깨닫도록 했어야 하는데, 그러지를 못했어요."

　설명을 중심으로 하는 수업이라 하더라도 학생들의 참여를 적극 초대할 필요가 있다. 초대의 필요성이 분명해지면 그 방법은 다음과 같이 다양해질 수 있다.

　"너희는 어떻게 생각하느냐고 질문을 하거나, 찬성하는 사람과 반대하는 사람으로 나눠서 의견을 제시해보도록 했으면 어땠을까 싶네요. 아이들은 제가 설명하는 것보다 스스로 고민해서 체득하거나, 서로 이야기하는 과정에서 터득하면 더 잘 이해하는 것 같더라고요."

설명으로 수업을 진행한다고 해서 학생들을 일방적으로 듣기만 하는 수동적인 상태에 놓아둘 필요는 없다. 오히려 더 적극적으로 수업에 참여할 수 있도록 초대하고, 그 구체적인 방법을 알려줄 필요가 있다.

활동이 학습으로 이어지도록 하려면

활동을 중심으로 수업을 진행할 경우, 상대적으로 수업에 대한 집중도와 참여도가 높아지는 것은 사실이다. 그러나 활동은 여러 수업 방식 중 하나일 뿐, 모든 활동이 반드시 학습으로 연결되는 것은 아니다. 활동이 학습으로 이어지도록 하려면 반드시 다음과 같은 교사의 개입이 있어야 한다.

■ 학습 목표와 활동 목적 일치시키기

학습이라는 결과에 도달하기 위해서는 무엇보다 활동이 학습 목표와 일치하는 방향에 있어야 한다. 여기서 잠깐 블룸Bloom이 제시하는 여섯 가지 인지 수준에 따른 학습 목표와 그에 따른 질문 유형을 살펴보도록 하자.

① 기억 : 정보의 회상을 묻는 질문
② 이해 : 아이디어나 개념의 설명을 묻는 질문

③ 응용 : 다른 상황에서 정보의 사용을 묻는 질문

④ 분석 : 부분 간 관계를 탐구하기 위해 정보를 부분으로 나누어 묻는 질문

⑤ 평가 : 의사결정이나 행동 과정을 정당화하도록 묻는 질문

⑥ 창안 : 사상에 대해 새로운 사고방식을 생성해내도록 묻는 질문

블룸에 따르면 같은 수업 내용이라도 수업 목표가 각기 다를 수 있다. 즉, 똑같은 교과 내용을 배우더라도 이를 기억하게 하는 것이 중요한 목표가 될 수도 있고, 내용과 전혀 관련 없는 새로운 아이디어를 창안하도록 하는 것이 목표가 될 수도 있는 것이다. 이처럼 학습 목표가 다를 때는 질문뿐 아니라 그에 맞게 활동의 방향도 달라질 필요가 있다.

이영환 선생님은 쌀 한 톨에 담긴 가치를 노래한 시 영상을 보여주면서 시인이 노래한 쌀 한 톨에 담겨 있다고 본 열두 가지를 회상해서 적도록 했다. 만일 이 활동의 목표가 쌀 한 톨에 담긴 열두 가지 가치가 무엇인지를 기억하는 것이었다면 매우 적절한 활동이었다고 할 수 있을 것이다. 하지만 선생님의 수업 목표는 거기에 있었던 것이 아니다.

"아이들이 다른 사람이 바라본 것을 아무 생각 없이 받아들이는 게 아니라 무언가를 제시함으로써 스스로 바라볼 수 있게 해주는

활동을 하면 좋지 않을까, 생각했어요."

이영환 선생님은 아마 여기서 학생들이 새로운 아이디어를 창안하는 수준에까지 도달하기를 기대했던 것으로 보인다. 그렇다면 앞에서 언급한 시인의 아이디어를 그대로 회상하는 활동보다 학생들 스스로 생각해내도록 하는 활동이 더 도움이 되었을 것이다. 즉, 시에서 이미 언급한 쌀 한 톨에 담긴 가치를 기억해내도록 하기보다 학생들이 생각하기에 쌀 한 톨에 담겨 있을 법한 가치를 시와 전혀 상관없이 독창적으로 찾아서 적어보도록 하는 활동을 제시했어야 한다. 새로운 아이디어를 창안해낼 것을 기대한다면 당연히 그에 맞는 활동이 따라주어야 활동이 학습 목표를 이루는 가교 역할을 할 수 있다.

■ 활동의 의미를 이론과 관련지어 충분히 설명하기
설명을 위주로 하는 수업에도 활동이 포함되는 경우가 있다. 이때 문제는 설명은 설명대로, 활동은 활동대로 '따로 노는' 것 같은 느낌을 줄 수도 있다는 것이다. 설명과 활동의 의미를 이해하는 과정에는 충분한 안내가 따라야 한다. 예를 들어보도록 하겠다.
이영환 선생님은 가치에 대한 설명을 개략적으로 한 다음, 쌀 한 톨에 담긴 가치를 다양하게 담은 영상을 보여주고, 활동지에 그 가치가 무엇인지 적도록 하였다. 이때 다음 두 가지 형태의 설명 가운데 어느 쪽이 더 활동의 의미를 충분히 설명한 것으로 보이는가?

A : 이제부터 방금 전 동영상에서 본 쌀 한 톨의 가치가 무엇이었는지 적어보도록 하세요.

B : 이제부터 쌀 한 톨의 가치에 대해 적어볼 거예요. 가치란 눈에 잘 보이지 않을 수 있지만 사물의 진정한 의미가 무엇인지 알게 해주는 거예요. 방금 전 우리는 쌀 한 톨에 어떤 가치가 담겨 있는지 영상으로 보았어요. 이처럼 현대 기술에 가치가 담기는 경우가 점차 늘어가고 있어요. 자 이제, 쌀 한 톨에 담겨 있는 가치가 무엇이었는지 한번 적어보도록 하세요.

당연히 A보다 B가 생각을 위한 계단을 많이 깔아놓은 설명이다. 활동을 하면서 앞서 설명한 내용을 생각할 수 있도록 하고 싶다면, 그리고 활동이 끝난 다음에도 그 의미를 중요한 원리나 이론과 쉽게 연결 짓도록 하고 싶다면, 활동과 설명의 내용을 잇는 계단을 뚜렷하고 분명하게 깔아주어야 한다. 또 활동을 하고 난 다음에는 그 활동의 의미가 이론적 원리와 어떤 관련이 있는지를 반드시 짚고 넘어가야 한다. 충분한 기초 개념과 원리에 대한 이해가 이루어진 뒤에는 상황에 대한 응용 질문을 해서 이를 보다 명확하게 하는 절차를 밟는 것도 중요하다.

4.
경험 정리와
이후 과제

이영환 선생님에게 지금까지 나눈 대화를 통해서 무엇을 얻었는지
물어보았다.

"처음엔 표면적으로 단순히 설명에 대한 두려움 때문이 아닐까, 하
는 생각을 했어요. 그동안 저는 아이들과 공감과 소통을 한다고 믿었
는데, 수업 공개를 통해서 궁극적인 공감이나 소통 없이 답만 제시했
다는 사실을 깨달았어요. 앞으로 정말 어떤 부분을 고민해서 아이들
과 나눠야 할지 좀 알게 된 것 같아요. 그리고 어떤 부분은 진짜 필
요 없구나, 이런 준비는 안 해도 되는구나, 하는 것도 있었고요."

이영환 선생님은 설명 중심의 수업을 할 것인가, 아니면 활동 중심
의 수업을 할 것인가를 고민했다. 그리고 이 고민을 함께 나누면서

설명 중심의 수업이라고 해서 학생들이 꼭 수업에 참여하지 못하는 것은 아니며, 활동 중심의 수업이라고 해도 결과를 얻으려면 교사의 적극적인 개입이 필요하다는 것을 알게 되었다.

결국 수업의 방법을 결정하는 데 중요한 역할을 하는 것은 수업의 궁극적인 목표, 즉 학생의 학습이라는 사실을 확인한 것이다. 교사의 선호가 아니라 학생과 학습이 수업의 형태를 결정하는 요소라는 것을 알면 오히려 다양한 형태의 수업 모형을 선택하는 것이 가능해질 것이다. 교사의 전문성은 어느 특정한 형태의 수업 모형을 구현할 수 있는가 없는가가 아니라, 자신이 가르치는 학생들의 상태를 가장 잘 이해하고 거기에 맞는 수업을 구현할 수 있는가 없는가에 달려 있다.

Chapter **8**

완벽주의가
주는 압박감
이겨내기

1.
수업 관찰하고
고민 나누기

수업을 하는 것이 힘든 것이 아니라 수업에 대해 스스로 생각하는 기준에 도달하지 못해서 힘들다면 완벽주의 성향이 있는 것은 아닌가 생각해볼 필요가 있다.

물론 완벽주의가 부정적인 면만을 가지고 있는 것은 아니다. 오히려 매사에 철저하게 준비하고 꼼꼼하게 수행하려고 하는 긍정적인 측면이 있는 것도 사실이다. 그러나 문제는 조금이라도 실패가 예상되는 상황, 혹은 스트레스가 주어지는 상황에 놓이면 스스로를 북돋우기는커녕 남보다 더 가혹하게 자신을 깎아내린다는 데 있다. 게다가 지금까지 노력한 것이나 긍정적인 성과에는 눈도 돌리지 않고, 미리 통제하지 못한 데 대해서까지 책임감을 느끼며, 더 잘 대처했어야 한다고 자신을 비난한다.

수업과 관련해서도 완벽주의는 성실하게 노력하도록 만들지만, 작은 실패에도 가혹해서 늘 힘들고 외롭고 불안한 상태에 머물도록 자신을 몰아붙일 수 있다. 완벽주의 성향이 강한 교사라면 이런 성격이 교사로서 생활에 미치는 영향을 충분히 알아차리고, 수위를 조절하려는 노력이 필요하다.

이 장에서는 박미영 선생님의 고민을 통해 이와 같은 완벽주의 성향을 어떻게 조절해갈 수 있는지, 그 방법을 살펴보도록 하자.

박미영 선생님의 수업 사례

박미영 선생님은 중학교 국어 수업을 보여주었다. 이번 수업의 목표는 '괜찮아, 장영희'라는 수필을 읽고, 그 내용에 나온 대로 학생들이 긍정적인 관점으로 자신을 바라볼 수 있도록 하는 것이다.

선생님은 활동을 본격적으로 시작하기 전에 먼저 주전자를 놓고 긍정적인 특성을 찾아보고 발표하는 연습을 하게 했다. 그다음 모둠별로 서로의 긍정적인 면을 찾아 발표하도록 했다. 주전자를 놓고 연습을 해본 뒤여서인지 학생들은 비교적 활발하게 발표를 이어갔으며, 선생님은 발표에 대해 긍정적인 피드백을 아끼지 않았다.

수업 고민

수업을 마치고 나서 박미영 선생님은 수업 자체가 힘든 것이 아니라 수업 준비를 아무리 열심히 해도 늘 부족한 것 같아서 힘들다는 말을 꺼냈다. 수업 시간마다 혹시 실수하지 않을까 긴장을 많이 한다는 것이다. 선생님의 수업 고민은 수업 자체가 아니라 선생님 스스로 힘에 부칠 정도로 높게 설정한 기준 그리고 그것으로 인한 불안과 긴장에 있었다.

"개인적으로 내면에 가지고 있는 성향이 완벽주의예요. 그래서 늘 수업을 잘 해내야 한다는 부담감을 안고 있어요. 그런데 긴장을 많이 해서인지 아이들이 돌발 행동을 하면 화를 내게 되고, 그러고 나면 또 마음이 굉장히 불편해져요."

앞서 말한 것처럼 완벽주의 성향은 철저하게 수업을 준비하고, 수업 설계와 관련한 일련의 절차들을 세부적으로 확인하는 등 언뜻 보기엔 긍정적인 특성이라고 볼 수도 있다. 그러나 잘 해내야 한다는 부담감 때문에 늘 긴장해서 불안한 마음을 갖게 되고, 이런 마음 상태에 있다 보니 오히려 수업에서 조금만 위기가 찾아와도 자연스러운 대처가 잘 되지 않는다. 완벽주의가 부작용을 일으키는 측면이 상당하다는 것은 선생님도 이미 잘 알고 있었다. 박미영 선생님의 고민을 다음과 같이 정리해볼 수 있을 것이다.

"수업을 준비하면서 스스로 부과한 '완벽한' 기준 때문에 늘 힘들고 불만족스럽다면 어떻게 해야 하나?"

"어떻게 해야 완벽주의 성향을 조절할 수 있을까?"

2.
수업 고민의
배경 탐색 및 목표 설정

이제 박미영 선생님이 고민이라고 말한 완벽주의 성향이 실제 선생님에게 어떤 영향을 미치고 있는지, 특히 수업에서 어떤 영향을 미치는지 살펴보기로 하자. 같은 완벽주의 성향이라 하더라도 그것이 표출되는 방식에는 개인마다 차이가 있다.

완벽주의 극복에 칭찬과 격려는 도움이 될까

완벽주의 성향 때문에 긴장과 불안감을 많이 느낀다면 충분한 칭찬과 격려를 해주면 어떨까? 여기에 대해 박미영 선생님은 다음과 같이 이야기했다.

"저의 좋은 점이 무엇인지 잘 모르겠더라고요. 좋은 점이 있다면 더 강화시키고 싶고, 단점이나 변화시켜야 할 부분에 대해서는 편치는 않겠지만 직면해보고 싶어요."

스스로 자꾸 단점이나 부족한 점을 찾아내는 경향이 강하니, 수업 코칭 장면에서 보다 객관적인 관점에서 장점과 단점에 대한 균형 잡힌 피드백을 받는다면 완벽주의적인 성향으로 인한 긴장이나 불안감을 좀 감소시킬 수 있지 않을까, 하는 기대라고 볼 수 있었다. 실제로 박미영 선생님의 수업에서는 칭찬할 부분이 매우 많아서 이를 시도하는 일이 그다지 어렵지 않았다. 박미영 선생님은 장점과 단점을 골고루 이야기해달라는 요청을 했지만, 나는 장점이 더 많은 수업이라는 생각을 했기에 장점에 보다 비중을 두어 다음과 같이 칭찬 피드백을 해보았다.

수업에 대한 칭찬 ①
수업 코치 : 이 장면을 보면 선생님이 아이들의 반응을 들어보기도 하고, 아이들에게 공감해주려고 애쓰는 모습이 보여서 참 좋아요.
수업 교사 : 저도 아이들에게 집중하려고 애쓰고, 진정성을 가지고 노력하는 편이라고 생각해요. 그래도 아직은 생각만큼 깊이 있게 아이들의 말에 빠져 들어가지 못하는 부분이 있는 것 같아요.

수업에 대한 칭찬 ②

수업 코치 : 선생님이 중간중간 "지금 아주 잘 쓰고 있어요." 이렇게 이야기해주시거나 격려하는 말들을 하시더라고요. 아이들이 선생님한테 따뜻한 느낌을 받을 것 같아요.

수업 교사 : 그 부분이 저의 장점인 것 같아요. 아이들도 그렇다고 설문지에 써놨더라고요. 하지만 저는 긍정적인 칭찬은 잘해주는데, 혼내거나 화를 잘 못 내요.

이 과정에서 나는 선생님이 칭찬을 들을 때 흔쾌히 수용하기보다 그 내용을 조금씩 희석시킨다는 느낌을 받았다. 혹시 더 강도 높은 칭찬을 했다면 지금보다 효과가 나았을까? 아마 그렇지는 않았을 것이다. 완벽주의적 성향을 가진 사람은 아무리 칭찬을 받아도 여기에 만족하지 않고 스스로 더 높은 기준을 세워 비교하기 때문이다. 따라서 이 문제에 대한 해결 방안 역시 다른 사람의 평가에 있을 리 없다. 오히려 선생님이 가지고 있는 기준이 무엇인지 알 필요가 있으리란 생각이 들었다. 비록 그것이 당사자를 힘들게 할 정도로 높은 기준이라고 할지라도 말이다.

완벽주의가 주는 영향 알아차리기

박미영 선생님과 이야기를 나누는 동안 점차 선생님의 완벽주의가 구체적으로 다가오기 시작했다. '자신이 이룬 성과를 충분히 인정해주지 않고 더 높은 기준을 생각한다.' 박미영 선생님이 보여준 완벽주의적 성향을 구체적인 상황 속에서 발견한 내용을 다시 정리해본 문장이다. 그런데 이렇게 써놓고 보니 '완벽주의적 성향'이라는 추상적인 표현으로 선생님의 고민을 대면할 때보다 고민의 강도가 한결 약해진 느낌이 들었다.

이때부터 다른 성향들과 마찬가지로 완벽주의 역시 고정되어 있는 특성이라기보다 우리가 처한 상황 속에서 끊임없이 다시 다듬어질 수 있는 것으로 보였다. 그리고 상황을 더 구체적으로 이야기하다 보니 선생님이 가진 성향을 완벽주의라는 딱딱한 말 대신, 이렇게 풀어서 쓸 수 있게 되었다.

'나는 학생들이 한두 명이라도 나를 보지 않으면 수업 시간에 잔뜩 긴장을 하게 돼.'

'나는 학생들의 말을 한 마디라도 놓치면 오늘 수업 시간에 실패했다는 생각이 들어.'

'나는 다른 반 학생들이 다 수업을 잘 들어도 어느 한 반 학생들이 수업을 잘 듣지 않으면, 그건 결국 교사로서 내 자질이 부족해서라고 생각해.'

이 문장들 역시 완벽주의자의 음성이므로 스스로를 칭찬하는 내용은 아니다. 그래도 자신의 완벽주의적 성향이 수업에 어떻게 영향을 미치는지 구체적으로 발견해가는 과정은, 섣부르게 완벽주의를 벗어던지려는 시도보다 스스로를 이해하는 데 훨씬 도움이 될 수 있다. '나는 이렇게 느끼고, 이렇게 생각하고, 또 이렇게 행동하는구나' 하는 자기 알아차림 작업은 어김없이 필요하다.

완벽주의가 수업 행동에 미치는 영향 알아차리기

이제 완벽주의가 미치는 영향에 대한 알아차림을 더 확대해볼 차례다. 완벽주의적 성향이 선생님의 수업 행동에 구체적으로 영향을 주는 부분은 무엇일까? 나는 선생님과 함께 수업 영상을 다시 집중적으로 보면서 이야기를 나누었다.

내가 특히 주목한 부분은 선생님이 학생들의 이야기에 귀 기울이고 경청하며 열심히 피드백을 해주는 장면이었다. 분명 학생들에게는 선생님의 이런 태도가 참 따뜻하게 다가왔을 것이다. 그러나 내가 궁금하게 여긴 것은 선생님은 학생들의 이야기를 잘 요약해주거나 칭찬만 해줄 뿐, 여기에 대한 자신의 감정이 어떤지, 어떻게 생각하는지에 대한 언급이 거의 없었다는 점이다. 참 좋구나, 라는 간단한 의견 표현도 할 수 있고, 그 이야기를 들으니 난 이런 생각이 든다, 하는 내용을 자연스럽게 덧붙일 수도 있는데, 선생님의 반응에는 그런 부분이 거의 없었다. 철저하게 학생 중심의 경청을 한다는 생각이 들었다. 이 점을 선생님은 어떻게 생각하는지 물어보았다.

"교사가 자꾸 말하면 아이들은 그걸 잔소리로 듣는다는 강박관념이 있어서인지, 잔소리가 되지 않게 하려고 애썼던 것 같아요. 잔소리하지 말자, 그냥 아이들이 느껴서 깨닫게 하자, 이런 마음이었는데 영상을 보니 아이들과 단절된 느낌이 드네요."

수업에서 상호작용은 교사의 수업 의도와 학생의 수업 참여가 서로 균형을 이룰 때 긴밀하게 일어난다. 둘 중 어느 하나가 빠진다면 소리 없는 메아리처럼 상호작용의 흐름이 자연스럽지 않게 된다. 더구나 선생님의 의사표현은 그날 학생들이 배워야 할 수업 내용을 담은 것이므로 어떤 형태로든 표현할 필요가 있다. 학생의 활동이 주가 되는 수업이라면 교사의 의견을 표현하는 형태가 보다 간접적일 수는 있다. 그러나 그것이 교사의 역할이 전혀 없어도 된다는 것을 의미하지는 않는다.

"저는 늘 아이들을 존중하고, 아이들 편에 서고, 아이들에게 다가가려고 했어요. 그래서 제 이야기도 하면서 이어주는 역할을 해야 한다는 것은 놓치고 말았네요. 수업은 아이들 중심으로 하는 것이라고만 생각했지, 저를 포함시키지 못했어요."

박미영 선생님은 경청에 대해 매우 높은 기준을 가지고 있었다. 어쩌면 여기에도 완벽주의적 성향이 영향을 미쳤다고 볼 수 있다. 철저하게 학생 중심적인 수업 시간의 대화 그리고 학생에 대한 피드백. 어쩌면 그 수위를 너무 완벽할 정도로 학생에게 맞추고 있었던 것은 아닌지, 오히려 조금은 덜 완벽해야 하는 것은 아닌지 돌아볼 필요가 있었다.

완벽주의가 감정에 미치는 영향 알아차리기

교사의 완벽주의 성향은 수업에 또 어떤 영향을 미칠까? 완벽주의를 지향하는 교사라면 수업 자료를 더 꼼꼼하게 준비할 것이며, 진행 절차에 대한 계획도 철저하게 세울 것이다. 이런 점에서 완벽주의는 수업의 완성도를 높이는 데 도움이 된다. 문제는 완성해야 할 기대 수준이 지나치게 높고, 여기에 대한 다른 사람의 시선과 평가에 매우 민감하다는 것이다. 그러다 보면 마치 열심히 무대를 준비하고 연습해서 관객 앞에서 연기하는 연극배우 같은 심정이 되기 쉽다. 학생은 관객이니까 관객의 반응 하나하나에 일희일비하게 되고, 바짝 긴장해서 실수하지 않으려는 생각을 매시간 하게 되므로 다음과 같은 감정을 경험하게 된다.

"혼자 외줄 타기를 하면서 긴장하고 있었다는 느낌이 들어요. 늘 무슨 일이 생기면 안 된다고 걱정하면서 학교생활을 해요."

늘 긴장되고 외로운 감정. 완벽주의가 가져다준 감정이다. 수업이 모든 것을 완벽하게 준비해서 학생들에게 보여주는 독무대처럼 느껴진다면 이런 감정에서 벗어나기는 쉽지 않을 것이다. 더 잘하면 이런 감정에서 벗어날 수 있을까? 그것은 근본적인 해결책이 되지 못한다. 잘할수록 더 잘해야 한다는 부담감이 생길 것이기 때문이다. 해결 방법은 혼자만의 무대에서 내려와 함께하는 무대로 옮겨가는 것, 수업을 공동 작품으로 만드는 것이다. 이제 그 방법을 구체적으로 모색해 볼 차례다.

3.
수업 고민의
해결 방법 모색

실험 : 더 완벽해야 한다는 내면의 목소리 들어보기

완벽주의적 성향은 더 바람직하고 더 잘해보라는 요구를 스스로에게 하는 것이라서 언뜻 들으면 신념이나 의지와 구별이 잘 되지 않는 측면이 있다. 지나치게 강압적이어서 그렇지, 그 내용이 나쁠 것도 없다. 그래서 바람직한 가치 추구와 지나치게 완벽해지도록 자신을 몰아붙이는 내면의 목소리를 구분하는 일은 쉽지 않다.

박미영 선생님의 완벽주의적 성향이 얼마나 가혹하게 자신을 몰아붙이고 있는지를 경험적으로 분명하게 알아차릴 수 있도록 하기 위해서는 다음과 같은 '실험'이 필요했다.

수업 코치 : 그때 선생님이 속으로 했던 생각을 한 번 더 소리 내어

이야기해주시겠어요? 아마 이번 수업 시간이라면 너는 '아이들의 반응에 더 집중해야 돼. 더 열심히 해야 돼' 같은 이야기가 아니었을까 싶은데요.

수업 교사 : 너는 아이들 눈빛 하나하나와 마주치고, 이름을 불러주고, 아이들의 말에 깊이 반응해주어야 해. 아이들을 존중하고, 화도 덜 내고, 그러면서 수업이 자연스럽고 부드럽게 흘러가도록 준비해야 해. 시나리오에 맞춰서 수업해야 해. 너를 싫어하는 아이들이 없도록 좋은 반응, 긍정적인 반응만 나오도록 철저하게 준비해야 해.

늘 생각하던 것이지만 직접 말로 표현해보면서 박미영 선생님은 평상시 자신이 스스로를 얼마나 힘들게 압박하고 있었는지를 더욱 분명하게 알게 되었다.

수업 코치 : 제가 예상한 것보다 더 많은 이야기가 나왔네요. 하고 나니까 어떠세요?

수업 교사 : 정말 이렇게 살아야 하나 싶어서 답답하네요. 지금도 충분하고 다른 선생님들에 비해 훨씬 노력하고 있는 편이라고 생각하는데, 더 잘해야 되나 하고요. 내가 저 애한테는 눈빛을 못 맞췄네, 이름을 까먹었네, 아이가 말할 때 경청하는 반응을 보여주지 못하고 그냥 넘어갔네, 매번 이런 생각을 한다는 것이… 그럴수록

기대에 도달하지 못한 면이 보이면서 자괴감만 들고요.

마음이 답답했던 것은 그 내용이 틀려서가 아니라 수위가 지나치게 과도했기 때문이다. 수업 준비를 더 잘하려는 마음을 갖는 것은 좋지만 눈빛 하나라도 맞추지 않는 학생이 없어야 한다고 스스로를 압박할 때, 또 학생들이 말할 때 경청하는 반응을 보이지 않으면 절대 안 된다고 스스로를 몰아붙일 때, 선생님은 스스로의 요구가 얼마나 힘든 것이었는지 비로소 분명하게 알아차릴 수 있었다.

자신이 엄격하고 높은 기준을 강요하고 있다는 것을 머리로는 분명 알고 있었지만, 이미 너무 익숙해져서 마음을 답답하게 할 정도로 부담을 주는 것이었다는 사실은 인지하지 못하고 있었던 것이다. 마음속 말을 입 밖에 소리 내어 말하고 들으면서 겨우, 자신이 어떤 영향을 받고 있는지 새삼스럽게 알아차릴 수 있었다.

이런 알아차림은 매우 중요하다. 알아차림이 분명해질수록 그리고 지속적일수록 선생님은 스스로 가치를 두고 있는 방향을 추구하면서도 그 소리가 지나치게 자신을 압박하는 수준으로 올라가려 할 때, '아니야, 충분해'라고 말하면서 조절할 수 있기 때문이다. 조절할 수 있으면, 즉 스스로에 대한 압박을 조금 늦출 수 있게 되면 그만큼 편안하게 학생들과 만나며 함께하는 수업을 즐길 수 있게 될 여지를 갖게 된다.

이분법적 생각을 알아차리고 통합하기

완벽주의적 성향이 가지고 있는 특성 가운데 또 하나는 다른 사람의 평가에 매우 민감하다는 것이다. 박미영 선생님도 종종 통제가 필요한 상황이 발생했을 때 학생들이 자신을 어떻게 볼지 신경이 쓰여서 수업 분위기를 제대로 조성하지 못할 때가 있다고 했다. 학급 전체의 분위기가 너무 산만할 때조차 혼내야 한다는 생각을 하면서도 학생들이 싫어하거나 힘들어하는 표정을 보이면 이내 포기하게 된다는 것이다.

"저는 아이들을 혼내는 게 너무 힘들어요. 혼내는 걸 좋아하는 사람은 없잖아요. 아이들이 싫어하는 반응을 보이면 위축되고⋯. 강함과 부드러움 중에 강함이 너무 약화돼서, 강하게 나가려고 하다가도 금방 힘들어져서 포기하게 돼요. 이게 반복되고."

이렇게 혼내는 것은 강한 것, 혼내지 않는 것은 부드러운 것으로 이분법적 구분을 하면 학생들에게 통제가 필요한 시점에서 어떤 행동을 취하기가 어려워진다. 강하게 나가면 학생들이 싫어하니까 피하고, 약한 모습을 보이면 교사의 권위가 무너지는 듯한 자괴감을 맛보게 되기 때문이다. 이렇게 야단을 치는 것도 야단을 치지 않는 것도 다 힘들어서 결국 어느 쪽을 선택해도 부담스럽고 불편한 마음이 드니까 결과적으로 학생들을 제대로 지도할 수 없게 된다. 교사가 교실 상황과 학생들의 필요에 맞춰 자유롭게 교육적 판단을 내릴 수 있으려면 이런 이분법적 사고가 아닌 통합적 사고를 해야 한다.

수업 코치 : 선생님은 강함이라고 표현했는데, 제가 생각하기에는 강하게 뭔가를 하려던 것이 아니라 선생님의 존재감을 표현한 것이 아닌가 하는 생각이 들어요.

수업 교사 : 존재를 표현한 것이라고 하니 왠지 와닿네요. 제 감정, 제 생각, 이런 것은 자꾸 뒤로 미루고, 아이들의 반응을 너무 중요하게 생각한 것은 맞아요. 거기에 일희일비했고.

박미영 선생님이 혼내는 것=강한 것, 혼내지 않는 것=부드러운 것으로 구분할 때는 어떤 선택을 해도 부담이 되었다. 그런데 이를 수업 상황에서 교사의 통제가 '무엇을 기대하는 것인지를 표현하는 것'이란 쪽으로 관점을 바꾸자 어느 한쪽을 선택해야 한다는 부담감은 줄어들었다. 통제가 산만한 상황, 수업을 하기 어려운 상황에 대한 선생님의 감정이나 생각을 표현하는 일이라는 생각을 하게 되자, 자신이 강하지 못한 선생님이라고 생각했을 때 가진 부담감도 같이 줄어들 수 있었다.

자신의 것이 될 수 없다고 부정하던 생각을 통합적으로 수용할 수 있게 되면 선택할 수 있는 폭이 넓어진다. 강한 면을 보고 싶은 유혹은 끊임없이 찾아온다. 교사의 위치에 서 있으면 더 그럴 수밖에 없

을 것이다. 그러나 자신의 약함을 마주할 수 있을 때 그리고 그것을
자신의 모습으로 받아들일 수 있을 때, 이전보다 확장된 자신이 될
수 있고, 결과적으로 더 많은 것을 할 수 있게 될 것이다.

4.
경험 정리와
이후 과제

완벽주의는 그 자체가 고쳐야 할 무엇은 아니다. 다만 완벽주의가 지나쳐서 성과가 본질을 앞서는 상황이 되어서는 안 된다. 즉, 본말이 전도되어서는 안 된다는 뜻이다.

최선을 다해 노력하고 성실하게 살아가는 것은 참 좋은 삶의 태도임이 분명하다. 그러나 그렇게 사는 것 자체가 삶의 목적이 되어서는 안 된다. 삶이란 그 존재 자체로 충분히 가치 있고 의미 있는 것이다. 비록 실패하거나 상처를 입는다 해도 그것 역시 내 삶의 한 부분이다. 상처가 난 것은 나의 삶이 아니라고 부정할 수도 없거니와 상처가 있다고 해서 내가 아닌 것도 아니다. 세월을 견딘 나무가 아름다운 이유는 상처와 뒤틀림에도 고고하게 서 있는 풍채를 보여주기 때문일 것이다. 오히려 상처가 있어서 더 당당한 나무가 될 수 있다.

완벽주의적 성향을 내려놓고 있는 그대로의 생각과 감정을 스스로에게 허용하는 것이 단번에 이루어질 수 있는 일은 아니다. 스스로 의식하면서 꾸준히 완벽주의적 성향이 자신에게 미치는 영향을 알아차리고, 빡빡하고 엄격한 기준에서 한 발 한 발 내려서는 연습이 필요하다.

Chapter 9

・
・
・

수업에서
다양한
상호작용
하기

1.
수업 관찰하고
고민 나누기

　우리나라의 교육을 흔히 입시 위주의 교육이라고 일컫는다. 입시가 공부의 가장 중요한 목표이자 동기가 되어 있는 경우가 많아서일 것이다. 그리고 입시 위주의 교육을 말할 때 가장 염려하는 것은 바로 수업의 목표와 방법이 어느 한쪽으로 치우치는 것이다. 예를 들어 깊이 사고하는 것보다 무엇이 정답인가를 구별하는 데 치우치거나, 일방적인 전달 위주의 방법을 사용해서 빠른 시간 안에 많은 지식을 주입하는 데 치중한다.

　이번 장의 수업 사례를 통해 살펴볼 주선희 선생님도 바로 이 부분을 고민하고 있었다. 인문계 고등학교에 몸담고 있다 보니 수업의 최종 지향점이 자연스럽게 입시로 이어졌고, 선생님이 만나는 학생들도 어느덧 수업을 들으면서 시험에는 어떤 형태로 나올 것인지를 생각하는 데 익숙해 있다는 것을 잘 알기 때문이다.

주선희 선생님의 수업 사례

주선희 선생님은 고등학교 1학년을 대상으로 한 국어 수업을 공개했다. 수업 내용은 이강백의 희곡 〈결혼〉에 관한 것이었다. 지난 시간까지 작품에 대한 이해에 집중한 만큼 이번 시간에는 여기서 한 발 나아가 결혼과 관련한 다양한 가치관을 생각해보는 것을 수업의 주제 및 목표로 설정했다.

선생님은 수업 초반부에서는 주인공의 입장을 보다 심도 있게 이해할 수 있도록 짝과 함께 지난 시간까지 배운 교과서 내용 중에서 가장 인상 깊었던 장면을 하나 선택해서 표정과 동작으로 재연해보고, 왜 그 장면을 선택했는지에 대해 이야기를 나누도록 했다. 그러나 학생들은 이 과정이 쑥스러웠는지, 혹은 평상시와 다른 수업 진행 방식이 낯설어서인지 적극적으로 참여하는 모습을 보여주지 못했다.

그러다 선생님이 자신의 결혼에 대한 생각과 실제 결혼으로 이어지기까지의 과정을 사진 자료와 함께 공개하며 이야기를 하고 나자 수업 분위기는 달라지기 시작했다. 이후 선생님이 결혼을 결정할 때에는 무엇을 중요하게 보아야 한다고 생각하는지, 왜 그런지에 대해 학생들의 의견을 묻자, 학생들은 수업 초반과는 달리 자신의 생각을 적극적으로 말하기 시작했다. 남녀 합반이라는 특성도 한몫을 했는지, '결혼'이라는 주제인 만큼 평소에 관심을 가지고 있던 이성 친구가 이야기를 할 때에는 뜨거운 반응을 보이기도 했다.

수업 이후에는 설문조사를 했는데, 수업에서 무엇을 배웠는가를 묻는 질문에 후반부에 나눈 결혼 이야기가 가장 기억에 남는다고 응답한 학생들이 많았다. 결혼에 대한 가치관을 다시 생각해보게 되었다는 것이다. 즉, 전반적으로 수업 초반에는 학생들이 다소 굳어 있었고, 자신의 의견을 별로 표현하지 않는 모습을 보이다가, 중반에 접어들면서 점차 자신의 의견을 활발하게 발표하며 수업에 참여했다고 볼 수 있다. 시간이 조금씩 흘러감에 따라 차츰 선생님이 의도한 수업 목표에 가까워졌다고 할 수 있을 것이다.

수업 고민

정작 수업을 마치고 난 후, 수업 코칭을 위해 나눈 대화에서 선생님의 수업 고민은 의외의 측면에서 나왔다. 오늘 수업이 이전에 한 수업과 마찬가지로 수업 목표, 즉 지식만 전달하는 것이 아니라 학생들과 함께 의견을 나누고 공유하는 수업이 되지 못해서 '실패'라는 것이었다. 심지어 이로 인한 좌절감까지 깊게 느끼고 있었다.

"저는 늘 학생들한테 쉬운 질문이든 어려운 질문이든 했을 때 제 마음을 확 움직이는 대답을 듣고 싶고, 정말 같이 소통하고 싶어요.

그런데 수업이 끝나도 학생들과 뭔가 공유했다거나 만났다는 생각이 안 들었어요. 이럴 때 좌절감을 느끼죠."

이번 수업이 전체적으로 선생님이 원하는 모습이 아니었던 것은 사실이지만, 초반의 어색한 분위기도 중반 이후로 접어들면서 해소되었고, 결국 후반부에서는 선생님이 원하는 수업의 모습이 잘 구현되었다고 보았으므로, 나는 선생님의 이런 고민이 좀 지나친 것은 아닌가 하는 생각이 들었다. 혹시 선생님은 열심히 수업에 참여한 학생들의 반응을 제대로 보지 못한 것이 아닐까?

아니나 다를까, 예상이 맞았다. 선생님은 이미 전반부에 잘 안 되는 것 같다는 생각에 실망감을 가져서인지 전체적으로 수업이 잘 이루어지지 않았다고 판단하고 있었다. 그래서 잘된 부분에 대해서도 지각을 못하고 있었다.

자신에게 익숙한 교수법을 접어두고 수업의 내용과 목표에 맞춰 변화를 시도하기란 결코 쉬운 일이 아니다. 일상의 익숙한 틀을 깨는 것 자체도 어렵지만, 새로운 도전이 늘 그렇듯 수업에서도 새로운 시도가 반드시 성공적인 경험으로 연결되는 것은 아니다. 도전은 마치 동전의 양면처럼 실패와 좌절을 달고 오는 경우가 많아서 결국 도전에 성공하는가, 실패하는가는 이렇게 세트처럼 따라오는 실패의 경험을 어떻게 소화하는가에 달려 있다. 선생님의 도전 역시 어떻게 받아들이느냐에 따라서 일회적으로 끝나버릴 수도 있고, 반대로 지속적인 발전 과정으로 이어질 수도 있다.

그렇다면 이제 수업 나눔의 핵심은 이와 같은 '어떻게 하면 선생님의 도전을 중단하지 않고 지속할 수 있도록 할 것인가'에 초점을 맞출 필요가 있을 것이다. 비록 실패의 경험을 하더라도 포기하거나 무기력감에 빠지지 않고 실패를 통해 전략을 배우고, 전보다 나은 시도를 해볼 만한 힘을 기를 필요가 있는 것이다. 어떻게 하면 그것이 가능하도록 할 수 있을까?

잘 되지 못한 부분뿐 아니라 잘된 부분을 제대로 인식하는 것은 변화를 위한 힘이 될 수 있다. 특히 이번 수업과 같이 뭔가 새롭게 시도해보는 상황에서는 전부 실패라는 생각이 들면 앞으로 다시 뭔가를 시도하기가 너무 어렵고 큰일처럼 여겨질 수 있다. '실패라면 무엇이, 어느 지점에서? 그리고 성공이라면 무엇이, 어느 지점에서?'라는 관점으로 찬찬히 살펴보아야 한다. 어느 지점에서 어떻게 노력해야 달라질 수 있는지 방향을 잡고, 잘된 부분이 있다면 그것이 무엇인지를 제대로 인식해야 이를 기반으로 힘을 얻어서 다시 도전해볼 수 있을 것이기 때문이다. 이 과정을 통해 해결하고 싶은 선생님의 고민은 다음과 같이 정리해볼 수 있다.

"일방적인 전달 위주의 교수법에서 다양한 상호작용이 일어나는 교수법으로 바꾸고 싶다면 어떻게 해야 할까?"

2.
수업 고민의
배경 탐색 및 목표 설정

　수업 전반부와 달리 후반부에서는 학생들의 상호작용이 활발하게 이루어지고 있었는데도 선생님은 수업 도중은 물론 수업이 끝난 다음에도 이 부분을 알아차리지 못했다. 이처럼 분명히 수업 목표에 가까워지고 있는 긍정적인 변화를 알아차리지 못하게 한 원인은 무엇일까, 이 점을 알아볼 필요가 있었다. 만일 선생님이 자신의 수업에서 이런 긍정적인 변화를 알아차리고 여기에 기여한 요인이 무엇인지 알았더라면, 적어도 선생님의 수업에 대한 실패감이나 좌절감이 그렇게 크지는 않았을 것이기 때문이다. 오히려 이에 근거해서 다음 수업에서는 무엇을 더 시도할 수 있을지, 어떤 도전을 할지, 생각해볼 수 있었을 것이다.

알아차림을 방해하는 생각에 대한 알아차림

만일 수업의 흐름에서 전반부와 후반부가 어떻게 달라지고 있는지 발견하지 못한다면, 이후 수업에서 무엇을 어떻게 바꾸고 시도해야 하는지에 대해서도 제대로 파악하기 어려울 것이다. 이럴 때에는 먼저 현재 수업에 대한 알아차림을 위하여 수업 영상을 보는 것이 도움이 된다. 나는 수업 영상을 선생님과 함께 보면서 수업 전반부와 달리 후반부에 학생들이 활발하게 선생님의 질문에 답하며 자신의 의견을 이야기하는 부분을 가리키며 어떻게 보이는지 다시 물었다. 그제야 선생님은 비로소 학생들의 태도가 많이 달라져 있다는 사실을 알아차린 듯했다. 그러면서 수업을 하면서는 왜 이 모습을 보지 못했는지, 왜 미미하게 느껴졌는지 기억해냈다.

"학생들은 나름대로 자기 이야기를 하고 있는데, 제가 오히려 원하는 답이 안 나오니까 그냥 빨리 답이 나올 때까지 가보자는 마음이었던 것 같아요. 열린 질문을 해놓고 닫힌 답을 원했던 것 같다는 생각이 들어요. 자기 생각을 공유하는 수업을 한다고 해놓고 제가 한 행동은 평상시와 다를 바 없었네요."

선생님이 알아차린 것은 학생들과 생각과 감정을 많이 공유하고 나누는 수업을 목표로 하면서도 정작 학생들이 자신의 생각이나 감정을 이야기할 때, '적어도 이런 내용이 나와줘야 한다'는 당위적인 생각이 있어서 학생들의 답에 실망했다는 사실이다. 당위적인 생각은 수업에서 학생에 대한 알아차림을 방해하고 있었다.

지금까지 익숙한 수업 방법에 대한 알아차림

이때 선생님이 한 당위적인 생각은 어느 순간 갑자기 생긴 것이라 기보다 수업의 진행과 관련해서 학생의 어떤 반응이 있어야 하는가에 대한 선생님의 이전 수업 경험에 근거한 것이라고 볼 수 있을 것이다.

"이해 중심 수업을 할 때에나 지금이나 똑같이 한 것 같아요. 이해 중심의 수업을 할 때에는 제가 원하는 답이 나올 때까지 계속 시키고, 그게 안 나오면 그냥 제가 말해주거든요."

그러나 바람직한 학생의 반응이라는 것이 늘 같은 형태일 수는 없다. 더구나 수업에서 교사가 의도한 목표가 달라졌다면, 이에 따라 학생의 바람직한 반응도 자연스럽게 달라질 수밖에 없다. 이번 수업의 목표는 '자신의 생각과 가치관을 나누는 수업'이었다 그러니 당연히 학생들에 대한 선생님의 기대도 달라졌어야 했다. 즉, 학생들이 자신의 생각을 자유롭게 이야기하도록 하려면 학생들에게 정답을 요구는 것이 아니라 어떤 생각이든 허용해야 했고, 그것을 상호작용 과정에서 학생들도 자연스럽게 인지할 수 있도록 해줄 필요가 있었다.

선생님이 전달하지도 않았는데 수업에서 지금까지와 달리 자신의 생각을 보다 자유롭게 이야기해도 된다는 것을 학생들이 먼저 알 수는 없는 노릇이다. 자신의 생각을 이야기하는 상호작용 방법보다 정답이 정해져 있는 문제를 내고 답하는 상호작용 방법에 익숙해져 있는 상황에서는 더 그렇다. 따라서 선생님이 현재 수업의 목표를 '입시에서 어떻게 문제가 나올지에 대한 답을 찾는 것'에서 '교과 내용의 구체적인 의미를 생각해보고, 학생들이 이에 대한 자신의 생각과 감정 그리고 가치관을 가질 수 있도록 하는 것'으로 바꾸었다면, 이를 구현하는 상호작용 방법에서도 정해진 답을 이야기하는 것이 아니라 자유롭게 자신의 의견을 나누는 방법을 적용하는 것으로 바꾸어주어야 한다. 그리고 실제로 선생님이 학생과의 상호작용을 통해 그것이 허용된다는 것과 바람직하게 권장한다는 모델링을 보여주는 것이 중요하다.

선생님이 시범을 보여줄 때 비로소 학생들은 이전까지 선생님과 학생들 사이에 암묵적으로 약속되어 있던 상호작용 방법, 즉 하나의 정해진 답을 생각해보고 그것을 말하는 데서 벗어나 또 다른 형태의 상호작용 방법, 즉 자유롭게 자신의 의견을 개진하는 방식을 체득할 수 있게 된다.

이번 수업에서는 초반에 기울인 선생님의 이런 노력이 후반에 가서야 학생들에게 전해짐으로써, 이전 수업과 달리 선생님이 자신들의 반응을 듣고 정답을 제시해주는 것이 아니라 다양성에 대해 격려하고, 또 다른 의견을 말할 수 있도록 한다는 것을 알게 되었다. 학생들은 서서히 이런 상호작용 방법에 익숙해져갔고, 후반부에 이르러서는 활발해졌다.

학생들은 자연스럽게 수업의 진행 과정에 따라 선생님이 다른 형태의 상호작용을 허용한다는 것을 알고 적응해갔지만, 정작 선생님은 이런 변화를 보지 못하고 자신에게 익숙한 수업의 상호작용 방법으로 다시 돌아갔다고 볼 수 있다. 우리는 상황이 불안해지면 가급적 자신에게 가장 익숙한 것을 붙잡게 된다. 말로는 자유롭게 이야기하라고 해놓고, 정작 자신은 이전 수업 목표에서 주로 사용한 상호작용 방법을 그대로 사용했다는 것을 뒤늦게 알아차린 것이다.

3.
수업 고민의
해결 방법 모색

변화시킬 수 있는 실패 이유 찾기

선생님은 절반의 성공이 있었다는 것과 절반의 실패가 있었다는 것 그리고 절반의 실패에 자신이 어떤 기여를 했는지 알게 되면서 오히려 마음이 한결 가벼워졌다고 했다. 처음에는 모두 실패라고 생각했고, 그 이유도 변화시키기 어려운 것, 즉 '나는 감정이나 생각을 끌어내는 수업을 할 만한 능력이 없다', '우리 아이들은 자신의 생각과 가치관을 별로 갖고 있지 않아서 그것을 나누는 수업은 불가능하다', '우리나라 입시 현실에서 자신의 생각을 나누는 의미를 추구하는 수업은 사실상 시간 낭비다'라는 생각을 했는데, 지금은 적어도 절반은 성공했으며, 실패의 이유에 대해서도 자신이 기여한 바를 분명히 알게 되었다.

'생각과 감정을 자유롭게 나누는 수업을 하자고 해놓고, 정작 내가 학생들에게 보여준 상호작용 방법은 이전에 답이 딱딱 떨어질 때 했던 것과 같은 방식이었네. 정해진 답을 기대하고, 그것이 아니면 제쳐두고, 원하는 답이 나올 때까지 일정한 방향으로 끌어가는 방법과 똑같잖아. 나의 상호작용 방법이 문제였구나.' 이렇게 문제에 대해 자신이 기여한 바를 구체적으로 깨닫게 됨으로써 예전에는 선생님이 쉽게 바꿀 수 없는 성격적인 것이나 학생들과 제도에서 원인을 찾았다면, 지금은 선생님 자신의 상호작용 방법에서 원인을 찾아 변화의 가능성을 모색해볼 수 있게 되었다.

이것을 누군가 다른 사람이 억지로 전자가 아니라 후자가 원인이라고 주장했다면 쉽게 생각을 바꾸기 어려웠겠지만, 함께 대화를 나누고 또 수업을 다시 살펴보면서 스스로 발견해낸 것이기에 생각을 바꾸는 것이 가능해졌다. 방해 요소는 동일하지만 그것을 바꿀 수 없는 것이 아니라 바꿀 수 있는 것으로 생각함으로써 변화에 대한 희망을 가질 수 있게 된 것이다.

수업 코치 : 수업을 다시 보니 어떠세요?

수업 교사 : 알게 돼서 다행이고, 기뻐요.

수업 코치 : 기쁘시군요. 어떤 점이 기쁘세요?

수업 교사 : 문제를 알게 되었고, 풀 수 있을 것 같아서요.

수업 코치 : 방해 요소 말이군요. 어떻게 풀 수 있을까요?

수업 교사 : 저의 특성에 대해서 좀 더 알면 풀 수 있지 않을까. 그리고 답이 내 안에 있는 문제라고 생각하니까 할 수 있을 것 같아요. 처음에는 계속 외부 탓을 하고 싶었거든요. 지금은 제가 고민한 지점들이, 어렴풋하던 것이 뚜렷하게 드러나서 오히려 잘된 것 같아요.

수업 코칭에서 수업 교사가 힘을 얻도록 하고 싶다고 무조건 현재 상태가 최선이라고 지지를 보내거나 격려하는 것은 별로 도움이 되지 않을 때가 많다. 그렇다고 문제가 있으니 바꾸라고 야단을 치거나 평가를 하는 것은 더더욱 도움이 되지 않는다.

상황은 달라진 것이 없지만, 문제가 없어진 것도 아니지만, 이전에 생각했던 문제 요소들이 바꿀 수 없는 것들이었던 데 반해, 지금은 선생님 자신이 충분히 알아차릴 수 있고, 어떻게 바꾸어야 할지(물론 쉽지는 않지만) 생각해볼 수 있는 계기를 만들어주었다. 변화시킬 수 있는 원인을 발견하게 될 때, 우리는 오히려 변화에 대한 힘을 얻고 도전해볼 마음을 가질 수도 있게 된다.

다양한 상호작용이 일어난 그 지점에서는 무슨 일이 생겼나

이제는 수업 영상을 다시 보면서 선생님이 학생들과 감정과 생각의 공유라는 수업 목표에 맞게 소통을 잘하고 있던 부분은 무엇인가를 점검해볼 필요가 있다. 전혀 새로운 것을 익히기보다 이전에 있던 것을 수정하고 보완하는 것이 변화를 촉진하는 좋은 방법이기 때문이다.

수업 영상 중 특히 선생님이 목표로 했던 지점에서 감정과 생각을 나누는 상호작용이 구현되고 있는 장면을 함께 살펴보았다. 학생들끼리 서로의 이야기에 관심이 생기고 있었으며, 학생에 대한 선생님의 피드백에서도 학생에게 자기 이야기를 더 많이 할 수 있도록 학생의 이야기에서 드러난 내용에 관심을 표현하면서 추가 질문을 하고 있었다. 그러나 이내 원하던 답이 나오지 않자, 즉 수업이 제대로 되지 않는다는 생각을 하면서부터 급격히 상호작용에서 적극성이 위축되는 모습을 보였다.

"아이들은 분명히 바뀌었거든요. 그 전에 남자애들은 정말 외모, 학벌 이런 것들만 많이 말했어요. 그런데 질문이 바뀌기도 했지만, 공유하고 싶은 것들을 공유하면서 결혼이라는 건 좀 다르구나, 이런 측면에 대해서도 많이 고민한 것 같아 보여요. 지금 제3자 입장에서 보니까 아주 많이 발전한 대답을 내놓았는데, 제가 하나의 대답에만 매달려 있었던 게 보이네요."

학생과의 상호작용에서 선생님이 가진 생각이나 기준이 어떻게 영향을 미치는가를 알아차리는 것은 매우 중요한 발견이다. 분명 수업의 상호작용에서 선생님이 미치는 영향이 최소한 50% 이상임에도 자신의 영향력, 특히 내면의 생각이나 감정이 미치는 영향력을 정확히 알지 못할 때 상호작용을 일정한 방향으로 끌고 가기가 어려워진다. 자신을 알지 못할 때, 상호작용의 방향 또한 예측하기 어렵기 때문이다. 이것을 알아차린다면 선생님은 학생들의 반응에서 더 많은 것을 들을 수 있고, 더 많은 것을 볼 수 있게 될 것이다.

"지금 보니까, 제가 생각한 답에서 조금 벗어나서 보니까, 훨씬 많은 것들이 들리고 또 보이네요."

4.
경험 정리와
이후 과제

  수업에서의 통찰이 삶에 대한 통찰로 이어지는 경우가 종종 있다. 주선희 선생님의 경우도 그랬다. 선생님은 대화 과정을 통해서 소통을 방해하는 자신의 상호작용 방식을 보다 구체적으로 알게 되었다. 대화를 나누기 전에 이미 답을 가지고 접근하는 것, 답과 거리가 있는 것은 의미 있게 보지 않는 태도가 소통의 과정을 얼마나 가로막 았는지도 알게 되었다. 그리고 자신의 답을 내려놓고 학생의 답을 그대로 들어보았을 때 선생님이 그토록 찾고자 했던 의미 있는 내용의 답이 학생으로부터 이미 나오고 있었다는 사실도 발견했다. 소통을 위한 중요한 조건, 즉 자신의 틀과 답을 내려놓고 먼저 듣는 것이 무 엇인지를 생각해볼 수도 있었다. 선생님은 자신이 만들어놓은 방해 요소가 내려놓을 수도 있는 것이라는 사실을 알면서 한결 힘을 얻게 되었다.

그러나 다른 한편으로 여전히 남아 있는 과제도 있다는 것을 알고, 이 고민에 대한 이야기를 마무리 단계에서 함께 나누어보았다. 그것은 선생님의 일반적인 생각의 패턴 또는 삶의 패턴이 수업에서의 패턴과 연결된다는 것을 알아차리는 더 깊은 통찰로 이어졌다.

"저 같은 경우는 삶에 어떤 정답이 있고, 그대로 살아야 된다고 생각하는 스타일의 사람이거든요. 앞으로는 다른 사람의 이야기를 듣고, 내 판단보다는 그걸 느끼고 공감하려는 노력을 많이 해야겠다, 이런 생각이 들었어요."

수업에 대한 나눔이 자신에 대한 성찰로 이어지고, 자신의 일상적인 삶의 패턴과 연결되어 있다는 것을 발견하면 수업과 삶은 더 이상 분리되지 않고, 수업에서의 변화와 삶의 변화는 같은 말이 된다. 이는 곧 수업 장면에서의 행동이나 태도가 아니라 일상적인 삶 속에서 지속적으로 자신을 알아차리고 깨어 있고자 하는 시도를 하는 것이, 수업 장면과 자연스럽게 연결될 가능성이 존재한다는 뜻이다.

이런 점에서 선생님의 수업과 삶을 연결하는 통찰은 매우 반가운 일이었다. 선생님은 수업과 삶에서 공통적으로 너무 철저하게 틀을 정해두고 그것을 지키는 것을 중요하게 생각했던 삶의 방식을 더욱 잘 알게 되었고, 이번에 함께 수업에 대한 대화를 나누면서 그것이 언제나 필요한 것은 아니라는 것을 생각해볼 수 있게 되었다. 물론 그 렇다고 해서 이전의 삶의 방식 혹은 수업 방식이 하루아침에 달라지 지는 않을 것이다. 그러나 기존의 방식과 새로운 방식이 점차 조화를 이루면서 변화되어가는 과정을 거친다면, 분명 이전에 선택할 수 있 는 것보다 더 많은 것 그리고 더 다양한 삶의 방식을 선택할 수 있게 되리라 생각한다.

- 게슈탈트 심리치료, 김정규 지음, 학지사, 1995
- 교수·학습 이론의 이해, 변영계 지음, 학지사, 1998
- 알아차림, 대화 그리고 과정, 게리 욘테프 지음, 김정규·김영주·심정아 옮김, 학지사, 2008
- 윈윈 파트너십, 최치영·스티븐 스토웰·매트 스타르세비치 지음, 21세기북스, 2002
- 코칭 입문, 이희경 지음, 교보문고, 2005
- 성공적인 커리어 코칭 과정에 관한 연구(박사 학위 논문), 박윤희, 숭실대학교, 2009
- 중소기업 리더 코칭이 자기효능감을 매개로 직무 관련 성과에 미치는 영향에 관한 연구(박사 학위 논문), 홍의숙, 숭실대학교, 2009
- *A Study of Thinking*, Bruner·Goodnow·J & Austin(1959), New York : John Wiley abd Sons; reprinted, Huntington, NY: Robert E. Krieger, 1977
- *Creative Process in Gestalt Therapy*, Zinker J., Vintage Books(New York), 1977
- Psychology and instructional technology / *Training research and education*, Pitts, R. Glaser, Univ. of Pitts Press, 1962
- *The Conditons of Learning*, Gagne', R. M. New York : Holt, Rinehart & Winston, 1977

30시간 2학점 원격연수

선생님의 성장 원동력은 무엇인가요?
교사 성장 수업 코칭

수업 코칭 전문가가 직접 교육 현장으로 찾아가 교사와의 대화를 통해 교사가 성장할 수 있는 성찰의 시간을 가졌습니다.
현장 교사들의 성찰하는 모습을 통해 직간접적으로 **자신의 내면을 돌아보며, 교사로서 성장할 수 있는 시간**이 될 것입니다.

수업나눔 1차
01. 수업 코칭의 흐름 이해하기
02. 교사와 불편한 아이, 수업에서 관계 세우기
03. 수업에서 아이들과 소통의 어려움 알아차리기
04. 수업 흐름 속에서 교사의 고민과
　　학생들의 어려운 점 알아차리기
05. 학습목표를 달성하기 위한 교사의 고민 알아차리기
06. 교과 내용 설명에 대한 두려움의 뿌리 알아차리기
07. 수업에서 교사의 자존감 세우기
08. 교사의 주도성과 학생참여의 균형 잡기
09. 교사에서 학생으로 수업의 초점 이동하기
10. 1단계 수업 나눔과 코칭 키워드 뽑기

수업나눔 2차
11. 2단계 수업 나눔의 흐름과 코칭 키워드 뽑기 (초등)
12. 2단계 수업 나눔의 흐름과 코칭 키워드 뽑기 (중등)
13. 학급통제를 위한 교사 마음 세우기
14. 관계형성을 방해하는 요소를 알아차리고 극복하기
15. 교사-학생 상호작용이 배움에 미치는 영향 알아차리기

수업나눔 2차
16. 교사의 수업목표와 수업의도에 대한 알아차림
17. 설명중심수업과 활동중심수업의 갈등 해결하기
18. 학생에 대한 존중과 교사에 대한 존중의 균형
19. 교사주도적 수업과 학생참여적 수업의 조화
20. 소통(혹은 공감) 하는 수업 방해요소 알아차리기

집단 상담
21. 학급통제의 실천
22. 교사의 내면변화가 수업변화에 적용되는 과정
23. 교사의 여러 교육적 지향점을 조화시키는 방법
24. 교사의 의도와 학생의 현재 수준을 조화시키는 방법
25. 3단계 수업 코칭 나누기 (초등)
26. 수업의 구조를 넘어서 아이들과 소통하기
27. 내면의 건강한 자아 회복하기
28. 교실에서의 수업은 내 삶이다. 삶과 연결된 아름다운 수업
29. 아이들을 나의 수업친구로 만들기
30. 3단계 수업 코칭 나누기와 집단상담하기 (중등)

수업코칭연구소와 함께 만들었습니다.
http://cafe.daum.net/happy-teaching

강의 신을진, 이규철
참여교사 김진아 / 박소형 / 손현탁 / 임수정 / 류한나 / 박준영 / 박윤환 / 이다정